D1671422

# Ma'at
# Konfuzius
# Goethe

## Drei Lehren
## für das richtige Leben

Von Jan Assmann,
Helwig Schmidt-Glintzer,
Ekkehart Krippendorff

Insel Verlag

© Insel Verlag
Frankfurt am Main und Leipzig 2006
Alle Rechte vorbehalten, insbesondere das der
Übersetzung, des öffentlichen Vortrags sowie der Übertragung
durch Rundfunk und Fernsehen, auch einzelner Teile.
Kein Teil des Werkes darf in irgendeiner Form
(durch Fotografie, Mikrofilm oder andere Verfahren)
ohne schriftliche Genehmigung des Verlages reproduziert
oder unter Verwendung elektronischer Systeme verarbeitet,
vervielfältigt oder verbreitet werden.
Satz: Libro, Kriftel
Druck: Nomos Verlagsgesellschaft, Baden-Baden
Printed in Germany
Erste Auflage 2006
ISBN 3-458-17248-3

1 2 3 4 5 6 – 11 10 09 08 07 06

# Inhalt

## Jan Assmann:
### Ma'at – Gemeinschaftskunst im alten Ägypten

## Helwig Schmidt-Glintzer:
### Konfuzius – Gemeinschaftskunst im alten China

Ekkehart Krippendorff:
*Goethes Bürgerethik*

# Vorwort

Am Anfang stand ein Aperçu: der Einfall, die von Goethe in seiner ›Idee Weimar‹ praktisch gelebten und vielfältig in Werk und Gespräch variierten Maximen einer Ethik des Gemeinschaftslebens könnten geistesverwandt sein mit der Staatsethik des Konfuzius;[1] und da solche Einfälle unkontrollierbar sind, gesellte sich nach einer touristischen Begegnung ungesucht das Faszinosum Alt-Ägyptens, vermittelt durch die augenöffnenden Arbeiten Jan Assmanns, hinzu. »Ein entschiedenes Aperçu«, so Goethe, »ist wie eine inokulierte Krankheit anzusehen; man wird sie nicht los, bis sie durchgekämpft ist.« Man müsse dann versuchen, »in irgendeinem Geiste das Aperçu hervorzurufen, das in dem eigenen so lebendig gewirkt hatte«. Ein solcher essayistischer Versuch stieß zwar bei den Herausgebern des einschlägigen Goethe-Jahrbuchs auf keine Gegenliebe, fand aber eine wohlwollend zustimmende Resonanz bei Jan Assmann, bei dem China- und Konfuziuskenner Helwig Schmidt-Glintzer und bei Hans-Joachim Simm, dem erfahrungsreichen und weitbewanderten Lektor des Insel Verlages. Der ließ sich von meiner Entdeckung, oder richtiger: »Erfindung«, so überzeugen, daß er zum ermutigenden Stifter dieses Autoren-Dreibundes wurde. Letztlich ist es seinem Engagement und seinem hartnäckigen Glauben an die Realisierbarkeit so gut wie an die Notwendigkeit des gewagten Unternehmens zu verdanken, daß es trotz vieler formaler und inhaltlicher Probleme, Bedenken und zu lö-

---

[1] Vgl. das Kapitel »Konfuzius in Weimar« in meiner *Kunst, nicht regiert zu werden. Ethische Politik von Sokrates bis Mozart*, Frankfurt am Main: Suhrkamp Verlag 1999.

sender – oder auch nicht lösbarer – Widersprüche schließlich zustande kam. Ihm und seiner überhaupt eindrucksvollen Lektoren- und fruchtbaren Herausgebertätigkeit ist dieses bescheiden-unbescheidene Textbuch gewidmet.

Am Ende ist dieses bescheidene Buch mit dem unbescheidenen Anspruch streckenweise eine Art Textbuch geworden: ein kleines Hand- und Nachschlagebuch zur geistig-sittlichen Orientierung in Fragen gemeinschaftlicher Ordnung. Nichts Aktuell-Aktualistisches, und doch gerade darum in unserem Verständnis aktuell, weil die Machtmanager aller Couleur nicht ohne Erfolg ihre Selbstdarstellungskampagnen neuerdings mit Appellen an »Werte« bestreiten – obwohl sie selbst nur zu genau wissen, daß sie das große Bedürfnis moralisch verunsicherter Menschen nach geistiger Orientierung und ethischen Maßstäben im öffentlichen Leben zynisch und verlogen mit nichts als hohlen Phrasen bedienen, um dahinter ihre handgreiflichen materiellen und herrschaftlichen Interessen zu verbergen.

Unseren durch ihre Herkunft beglaubigten Texten aus denkbar weit auseinanderliegenden Dimensionen der Menschheitsgeschichte liegt ein anderes Paradigma des Politischen zugrunde, das wir hier vorläufig, aber vielleicht doch begrifflich einleuchtend »Gemeinschaftskunst« nennen. Nicht »Politik als Kunst des Möglichen«, als welche uns staatsmännisches Intrigieren gern verkauft wird, nicht die Regeln und Gesetze des Machterwerbs und der Machterhaltung (die sind ja vergleichsweise schlicht, sind lehr- und lernbar: Thukydides hat sie erkannt, Machiavelli aufgeschrieben, Shakespeare auf der Bühne vorgeführt), sondern eben Politik als die Kunst des friedlichen, kreativ-produktiven Zusammenlebens in wechselseitigem Respekt, für dessen Gelingen Schiller gar eine »ästhetische

Erziehung« voraussetzte. Gerade das alte Ägypten wußte, daß die Menschengemeinschaft immer vom Chaos, der Unordnung, der Möglichkeit des Zerfalls ihrer Ordnungen bedroht ist und daß es zu ihrer Bewahrung nie endender Anstrengungen bedarf. Vermutlich hat eben sein höchst kunstvoll entwickeltes Problembewußtsein dessen erstaunliche und historisch beispiellose, dreitausendjährige Dauer und zyklische Wiedergeburt nach schweren Krisen ermöglicht. Aber es war ein Problembewußtsein, das sich nicht am Pragmatismus machtgestützter Herrschaftstechniken orientierte, sondern an Gesetzen der Transzendenz. Goethe erinnert an diese große Wahrheit: »Alle Gesetze sind Versuche, sich den Absichten der moralischen Weltordnung im Welt- und Lebenskampfe zu nähern.«

Man kann die hier zusammengestellten Texte sowohl konsekutiv als auch fragmentarisch, aus dem jeweiligen Zusammenhang herausgelöst lesen, sie konsultieren zur Vergewisserung des eigenen Urteils und als Kompaß benutzen durch eine Welt, über die »verwirrende Lehre zu verwirrtem Handel waltet« (Goethes letzter Brief). Der Kompaß funktioniert bekanntlich als Sichtbarmachung eines dem empirischen Auge unsichtbaren, nichtsdestoweniger aber wirklichen Magnet- und Kraftfeldes. Von dessen selbstverständlicher Existenz gingen die großen Lehren der Gemeinschaftskunst aus. Darüber wieder nachzudenken und sich belehren zu lassen war und ist der Impuls, aus dem dieses Unternehmen entstand. Er wird es nicht leicht haben, wohlwollend empfangen zu werden, und »durchgekämpft« im Goetheschen Sinne ist das Unternehmen in der hier vorgelegten Form noch lange nicht – es bleibt vorläufig ein entschiedenes Aperçu.

*Ekkehart Krippendorff*

# Einleitung

»Das Unternehmen wird entschuldigt« – unter dieser selbstbeschränkenden Überschrift legte der Dichter Goethe den ersten Band seiner naturwissenschaftlichen Untersuchungen vor, um damit dem verstörten Publikum sowohl seine Grenzüberschreitung zu erklären als auch zugleich Erwartungen niedrigzustufen: Diese Studien »zur Morphologie« – die implizit dann nichts Geringeres als eine Lehre zur Erklärung aller Naturphänomene und in letzter Instanz auch der Menschenwelt entwarfen – sollten nicht »als ein Werk«, sondern nur »als Entwurf, ja als fragmentarische Sammlung hervortreten«. – Das Unternehmen »Ma'at – Konfuzius – Goethe« bedarf ebenfalls einer solchen entschuldigenden Rechtfertigung. Auch dies ist kein geschlossenes Werk, vielmehr gleichermaßen aus Bruchstücken zusammengesetzt, deren inneren, »ganzheitlichen« Zusammenhalt sich der mitdenkende Leser bzw. die Leserin weitgehend selbst erschließen muß: Unsere Grenzüberschreitung besteht in der alles andere als selbstverständlichen und nicht leicht nachvollziehbaren Ko-Autorschaft eines Ägyptologen, eines Sinologen und eines Politologen an einem gesellschaftspolitischen Diskussionsbeitrag mit einem zusätzlich irritierenden und erklärungsbedürftigen Titel.

Lehren der Gemeinschaftskunst: Die Menschheitsgeschichte ist mehr als anderthalb Millionen Jahre alt; die ältesten ›Modernen‹ lebten vor 130-150 000 Jahren (im heutigen Äthiopien); das Neolithikum, als der Mensch begann, sich seine ökonomische Basis durch Ackerbau, Viehzucht und die Anlage fester Siedlungen selbst zu sichern (die sogenannte »neolithische Revolution«), wird in der

Regel auf 9000 v. Chr. datiert, und die ersten Hoch-, die zugleich auch Schriftkulturen sind, finden wir um 3000. Diese erdgeschichtlich vergleichsweise kurze, gattungsgeschichtlich aber sehr lange Evolution hat seit ihren Anfängen ein großes Thema mit unendlich vielen Variationen: die Bewußtwerdung des Lebens in Gemeinschaft durch Religiosität. In ihren Religionen verdichtete und konkretisierte sich dieser Prozeß, zentriert um die rituelle Bestattung der Toten – jedenfalls haben wir von daher, aber nicht zufällig, unsere spärlichen Kenntnisse über die Prähistorie wie aber auch über die frühen historischen Gesellschaften. Tod und Todeskult, in denen sich die Fragen nach Sinn und Dauer menschlicher Existenz manifestieren und beantwortet werden – ohne die bestimmt-unbestimmte Erwartung eines Danach gäbe es keine Bestattungen mit ihren Beigaben –, sind aber nicht nur Bezugs- und Ausgangspunkt von Religion, sondern gleichzeitig auch von Gemeinschaftsbildung. Bis zum heutigen Tage ist der Tod, der Abschied von einem Mitglied der Familie, der Verwandtschaft, von einem Freund und Mitglied der Gemeinde der oftmals kurze, aber signifikante Augenblick, in dem sich eine Gemeinschaft konstituiert und sich ihrer selbst – im Trauerzug oder am Grabe sinnlich erfahrbar – bewußt wird: mehr als bei Geburt oder der Feier der Hochzeit. Selbst der moderne, säkularisierte Staat zeigt sich bei Gelegenheit des Abschieds von einem/r seiner Großen – fernsehwirksam übertragene Staatsbegräbnisse – in seiner rituellen Gestalt als inszeniertes Schauspiel, als Kunstwerk.

Daß menschliche Gemeinschaft auch schon am Ursprung mehr ist als eine Horde, die die Kräfte der einzelnen, wie ein Rudel Wölfe, nur um der höheren Jagd- oder auch Ackerbaueffizienz willen vereint, gehört zum Konstituens unserer Gattung. Keine der uns aus Grabungen bekannten prähistorischen oder aus Artefakten und schriftlicher Überlieferung bekannten frühgeschichtlichen Dorf-, Stadt- und Großflächengemeinschaften, die nicht auf Religion gegründet gewesen wären, auf dem Bewußtsein, daß sie des Schutzes von höheren Wesen, Geistern, Göttern bedurften, um dem »Mängelwesen« Mensch (Gehlen) das Überleben zu ermöglichen und zu sichern. Mythen, die großen Erzählungen über Anfänge, Gründungen und Ursprünge sind in allen Kulturen die Fundamente kollektiver Identität, mit ihnen fängt die Dichtkunst an und in ihren Epen ist die Zweckgemeinschaft schon immer zur geistig-sittlichen, zur religiösen Gemeinschaft mutiert: zu einem im Wortsinne ›Kunst-Werk‹. Indem die Mythen immer wieder erzählt werden, verändern sie sich und ihren Gegenstand, die Gemeinschaft; müßig zu fragen, ob da eine Basis den Überbau ihren veränderten Strukturen anpaßt oder ob umgekehrt Veränderungen im Bewußtsein materiell-gesellschaftliche Konsequenzen zeitigen. Die Erzählung der Atriden-Tragödie durch Aischylos hat die Selbstregierung der Athener sowohl als normatives Programm formuliert, wie sie eine bereits veränderte »politische« Wirklichkeit reflektiert – die Polis ist ein Werk der Gemeinschaftskunst, und die großen Tragödiendichter waren ihre Lehrer. Das aber im Bewußtsein der Präsenz der Götter: maßstabsetzend, richtend und jegliche Hybris – die »Arroganz der Macht« – bestrafend.

Lehren: Wenn Kunst – nicht nur im Sinne von Poesie, Drama oder Epos – die Form ist, in der Gemeinschaft sich hier selbst bewußt geworden ist, aus der und in der sie überhaupt geboren wurde, dann ist es nicht nur um so berechtigter, von »Gemeinschaftskunst« zu sprechen, also davon, daß Gemeinschaftsbildung selbst ein Kunstwerk sei, sondern auch davon, daß diese Kunst-Werke historisch

gemachte sind, hergestellt, nach Regeln und Gesetzen kon-
struiert. Die »Lehren« dieser Kunst sind immer wieder neu
zu bedenken, weil ja eben das Werk selbst nie fertig ist,
sondern sich ständig prozedural verändert. Lehren schei-
nen Lehrer vorauszusetzen – den Dichter, den Künstler,
den Philosophen und den Denker. Die abendländische,
»westliche« Tradition solcher Gemeinschaftskunst-Lehrer
beruft sich zu Recht, wenn auch sehr verkürzt, auf die
griechische Philosophie, deren große Gesetzgeber Lykurg
und Solon, dann aber vor allem auf Sokrates/Plato und
Aristoteles, mit denen die systematische Philosophie ein-
setzte als Frage nach den von der Polis-Gemeinschaft zu
verwirklichenden oder sie leitenden Werten. Von hier aus
beginnt eine lange, wenn auch brüchig-unterbrochene Linie politischer Philosophie – die Geistesgeschichte der
Politikwissenschaft – über Augustinus, Machiavelli, Cam-
panella und Hobbes bis zu Eric Voegelin oder Hannah
Arendt. »Lehrer der Gemeinschaftskunst« sind sie alle –
aber in einem eingeschränkteren, kulturell, historisch und
kosmologisch begrenzteren Sinne als die hier exemplarisch
vorgestellten »Lehren«.

Die eine, mit dem bisher nur einem fachwissenschaftlichen
oder spezialisierten Laienpublikum bekannten Begriff der
*Ma'at* bezeichnet, hat überhaupt keinen identifizierbaren
»Lehrer«, ist auch keine in sich geschlossene, gar systematische »Lehre«, sondern eine Tradition, die sich in einer
Fülle von Texten artikuliert, darunter auch solchen, die die
alten Ägypter selbst als »Lehren« bezeichnet haben. Es
handelt sich dabei um einen Komplex von Ideen und Normen, Sitten, Verhaltensweisen und Handlungsmaximen,
Welt- und Menschenbildern, der das implizite Wissen einer Elite gebildet hatte. Diese Elite hat im 3. Jahrtausend

v. Chr. das ägyptische »Alte Reich«, den ersten Groß-Staat der Menschheitsgeschichte, aufgebaut. Nur dem Untergang dieses Reiches ist es zu verdanken, daß diese nun nicht mehr selbstverständlich vorgegebene und vorgelebte Tradition schriftlich niedergelegt werden mußte und darum ihren Weg in die Literatur fand. Das Mittlere und das Neue Reich haben im Verlauf des 2. Jahrtausends v. Chr. diese Texte in den Rang von Klassikern erhoben und damit die Ma'at zur herrschenden »Lehre« gemacht.

Die kosmologische Grundlage der ägyptischen Ma'at-Idee besteht darin, daß auch der Kosmos genau wie die Menschenwelt der »Gerechtigkeit« bedarf, um sich gegen die ständig wirksamen Gegenkräfte des Zerfalls und des Stillstands durchsetzen zu können. In einem frühen Text aus dem Übergang vom 3. zum 2. Jahrtausend wird der kosmogonische Moment geschildert, als der präexistente Urgott als Sonne in die Existenz trat und als erste Geschöpfe Schu und Tefnut, d. h. Luft und Feuer, aus sich entließ:

Da sagte Atum: »Tefnut (Feuer) ist meine lebendige Tochter,
sie ist zusammen mit ihrem Bruder Schu (Luft).
›Leben‹ ist sein Name, ›Ma'at (Gerechtigkeit)‹ ist ihr Name.
Ich lebe zusammen mit meinem Kinderpaar,
zusammen mit meinem Zwillingspaar,
indem ich mitten unter ihnen bin,
der eine an meinem Rücken, die andere an meinem Bauch.
›Leben‹ schläft mit meiner Tochter ›Ma'at‹,
eines in mir, eines um mich herum,
ich habe mich aufgerichtet zwischen ihnen, indem ihre Arme
   um mich waren.«

Wollte man diese Sätze in eine uns vertrautere Ausdrucksweise übersetzen, so ließen sie sich folgendermaßen paraphrasieren: »Am Anfang waren Leben und Gerechtigkeit, und Leben und Gerechtigkeit waren bei Gott und Gott war Leben und Gerechtigkeit.« Der von der Sonne ausstrahlende Lichtglanz wird als eine Verbindung von Luft (Schu) und Feuer (Tefnut) verstanden. In einem zweiten Schritt werden Luft und Feuer als Leben und Gerechtigkeit ausgedeutet. Leben und Gerechtigkeit sind die Kräfte, die die aus dem Urgott hervorgehende Welt durchpulsen und in Gang halten. Wer die Gerechtigkeit übt, denkt und handelt im Sinne der kosmogonischen Energien, mit denen der Schöpfer die Welt richtend und rettend vor dem Untergang bewahrt, und trägt selbst zu ihrer Inganghaltung bei. Wer sich von der Gerechtigkeit lossagt – und der Mensch ist frei, die Gerechtigkeit zu tun oder zu lassen –, zerstört den Einklang zwischen kosmischer und menschlicher Ordnung. Die Ordnung ist kein starres Prinzip, sondern eine lebenspendende Energie, die die Welt in Gang hält und sich in die Menschenwelt hinein verlängern läßt, wenn die Menschen nur wollen und sich dem Ganzen einfügen. Das Prinzip Ma'at besteht in der Maxime, so zu leben, daß sich die eigene Lebensführung der lebenspendenden Ordnungsenergie einfügt und anpaßt, die von der Sonne ausstrahlend die Welt zusammenhält.

Die zweite Lehre ist zwar mit einem historisch verbürgten, aber gleichzeitig von Legenden überwucherten Namen – *Konfuzius* – verbunden. Sie darf von sich behaupten, die einflußreichste und wirkungsmächtigste aller »Lehren« geworden zu sein. Denn auch wenn China nicht immer konfuzianisch war und man es seit dem 20. Jahrhundert auch nicht mehr als konfuzianisch bezeichnen kann, so hat doch die Lehre des Konfuzius nicht nur China, sondern die ganze Welt Ostasiens grundlegend geprägt und ihr eine wohl bleibende Färbung gegeben. Selbst dort, wo sich moderne Staatlichkeit durchzusetzen beginnt oder bereits etabliert hat, wird auch heute noch das Verhältnis des Einzelnen und der Gemeinschaft zur Religion und zu Grundfragen der Gemeinschaftsbildung durch die konfuzianische Tradition strukturiert. Denn das war eine der Besonderheiten der Lehre des Konfuzius, daß das Religiöse herausgehalten und doch ertragen wurde. Die Lehre des Konfuzius war eine Lehre der Nüchternheit, die sich vertragen konnte mit vielerlei anderen Lehren und Kulten, auch mit vielerlei Religionen, denen sie ihren Platz zuwies, ohne die Grundprinzipien der nach dem Sippenprinzip geordneten Gesellschaft in Frage zu stellen. Dies gilt bis heute, auch wenn daraus Konflikte resultieren, weil etwa der Islam oder christliche Gemeinden in China nicht den gleichen Geltungsanspruch durchsetzen können, wie sie dies in rein islamischen Gesellschaften oder in Europa gewohnt sind.

Dieser aufgeklärte Konfuzianismus stellt die Überlieferung in den Vordergrund, die eigene Bildung und die Selbstvervollkommnung, und er betont die grundlegende Bedeutung der hierarchischen Beziehungen, aus denen Respekt und Verantwortung gegeneinander resultieren. So gesehen ist die Lehre des Konfuzius eine an den natürlichen und blutsmäßigen, aber auch an den geistigen Beziehungen orientierte Soziallehre, die im Europa der Aufklärung große Bewunderung erfahren und gelegentlich auch übermäßig verklärt worden ist. Selbst der Buddhismus, der über lange Zeit die Kultur Chinas entscheidend prägte, nahm in China im Zusammenhang der konfuzianisch geprägten sozialen Welt und der sich daraus ableitenden politischen Verhältnisse eine typisch chinesische bzw. japanische oder koreanische Färbung an.

Ganz gewiß war die Lehre des Konfuzius nicht blind gegenüber dem großen Ganzen, denn sie wurde überliefert im Bewußtsein sonstigen Wissens, ohne sich selbst mit diesem enger zu verbinden. Sie respektierte die göttliche Herkunft der Kulturentstehung und trug doch dazu bei, sie in ein diesseitiges Gewand zu kleiden. Dies führte auch dazu, daß es seither bis auf wenige Ausnahmen im politischen Bereich kein Gottesgnadentum gab, weil eben jedes Charisma eingehegt wurde durch den Geltungsanspruch der sozialen Ordnung und der Prinzipien von Menschlichkeit und Gerechtigkeit. Dies macht auch die Dauerhaftigkeit der Lehre des Konfuzius aus sowie ihre Fähigkeit, in unterschiedlichen kulturellen Milieus aufgenommen zu werden. Weltentstehungslehren, Lehren von der kosmischen Harmonie und Heilslehren verschiedenster Art sind geläufig, aber sie stehen nicht im Mittelpunkt: Dort steht der Mensch, der sich selbst vervollkommnende, der vor allem Riten und Bräuche und an zweiter Stelle erst Gesetze befolgte und respektierte, der zur obersten Richtschnur seines Handelns aber Menschlichkeit und Gerechtigkeit nimmt.

Die dritte Lehre schließlich, mit dem Namen *Goethe* überschrieben, ist bislang überhaupt nicht in solchen Zusammenhängen gesehen, geschweige denn je so bedacht worden. Obwohl die Biographik inzwischen zumindest seine zehn ersten Weimarer Jahre als Minister ernst zu nehmen beginnt, ist Goethe sowohl in der allgemeinen Wahrnehmung als auch in der Forschung noch immer fast ausschließlich der »Dichter Goethe« und als solcher fest in der Hand der Germanistik. Und doch dürfte es in der Neuzeit für keinen »maßgebenden Menschen« (Karl Jaspers) so zutreffen, »Lehrer der Gemeinschaftskunst« in jenem umfassenden kosmologischen Sinne Alt-Ägyptens und der chinesischen »Staatsweisheit« (der immerhin eine den altägyptischen Reichen annähernd vergleichbare 3000jährige Kontinuität entspricht) genannt zu werden. Das muß paradox, um nicht zu sagen befremdlich, ja absurd klingen, könnte doch schon der empirische Kontrast zum historischen Mini-Fürstentum Weimar als ›Modell‹, mit einer politischen Lebensdauer von nur wenigen Jahrzehnten, nicht größer gedacht werden. Allerdings wird Goethe bisweilen bereits als »Konfuzius von Weimar« etikettiert und damit eine zarte transhistorische Geistesverwandtschaft suggeriert, die, wie wir implizit zu zeigen hoffen, einem genaueren Hinsehen durchaus standhalten kann. Das »genauere Hinsehen« ist allerdings in diesem Falle in der Tat vor allem für den gesellschaftspolitischen Diskurs schwieriger, da Goethe dort, wo es gilt, Komplexes zur Sprache zu bringen, sich im Medium der Dichtung ausdrückt und keine »Lehren« oder gar Theorien verkündet.

Aus unterschiedlichen Gründen:

– Die altägyptische Erfahrung als solche ist, jedenfalls im heutigen ›westlichen‹ Bewußtsein, nicht mehr präsent,

– die authentischen Lehren des Konfuzius, soweit sie aus der zunächst nur mündlichen Überlieferung rekonstruierbar sind, sind vom Konfuzianismus als in Asien durchaus lebendige und abrufbare Tradition bis zur Unkenntlichkeit überwuchert und manipuliert,

– Goethe ist als Dichter zwar gefeiert und gelesen, seine im Grunde lebenslange »amtliche Tätigkeit« hingegen ist so gut wie unbekannt.

Da bedarf es in der Tat einer geistigen Archäologie, um diese Lehren der Gemeinschaftskunst heute freizulegen. Ganz so, wie die Archäologie als Wissenschaft mühsam und mit kombinatorischer Einbildungskraft aus oft entlegenen Bruchstücken ein Ganzes und die dahinter verborgenen historischen Wahrheiten rekonstruieren muß, so schlagen wir vor, auch in den drei hier in eine Beziehung gesetzten Fällen zu verfahren. Daraus ergibt sich mit Notwendigkeit, ausführlich originale Texte zu zitieren: Die altägyptischen sind, zumindest im sozialwissenschaftlichen Diskurs, ohnehin so gut wie unbekannt (trotz oder vielleicht wegen des Monopols großformatiger Bildbände, die die populäre Ägyptenfaszination bedienen); Spruchsammlungen zu Konfuzius gibt es schon eher – aber in unserer Präsentation werden sie, so hoffen wir, in neuem Lichte erscheinen und anders, nämlich aktuell gelesen werden können; und dasselbe gilt in verstärktem Maße für Goethe, dessen hier vorgestellter Texte fast durchweg bekannt, in jedem Falle aber leicht zugänglich sind – und doch geben sie aus unserer Perspektive andere, neue, nichtphilologische Antworten auf Fragen gemeinschaftlicher Ordnung und lassen die Dimensionen des Politischen erkennen, die vom zeitgeistverhafteten Diskurs nicht wahrgenommen werden.

Wir unternehmen diese Operation mit dem Anspruch, daß es sich zwar um »Geschichte« handelt, aber um eine Geschichte – oder um drei historische Erfahrungen –, die Antworten auf aktuelle Fragen bereitstellt, welche aus der Tradition des konventionellen politischen Denkens und der politischen Theorie nicht beantwortet werden. Es ist der Anspruch, hier ein nicht erschöpftes Potential erkennbar und fruchtbar zu machen für Fragende, die in der Eindimensionalität heutiger weltgesellschaftlicher Entwicklungstendenzen und -strategien einen Irrweg und keinen Fortschritt, vielmehr einen »Wegschritt« (Brecht) und keine Perspektive für die Rekonstruktion von friedlich-kooperativer Gemeinschaft sehen, obwohl ebendiese – etwa unter dem Schlagwort »Globalisierung« – behauptet und versprochen wird. Es ist der Anspruch, eine »andere Moderne« denkbar zu machen, die nicht in der Verlängerung industrie-kapitalistischer, markt- und profitorientierter Ordnungsvorstellungen besteht, welche längst ihre »Seele«, das heißt: eine politische Ethik, die diesen Namen verdient, verloren haben. Die drei Lehren, die dieser Band ins Gespräch bringt, umspannen fast 5000 Jahre menschlicher Geschichte. Dabei vertritt Konfuzius als (ungefährer) Zeitgenosse der biblischen Propheten und der griechischen Philosophen die von Karl Jaspers als »Achsenzeit« bezeichnete Wende, als die geistige Welt entstand, in der wir bis heute leben. Für dieses »Heute« in einem weiten Sinne steht der Name Goethe. Die ägyptische Denktradition, die wir mit dem Begriff Ma'at zusammenfassen, geht demgegenüber noch einmal 2000 Jahre vor diese Wende zurück und zeigt, daß wir den Begriff der »Wende« stark relativieren müssen. Da ist viel »Ma'at« in Konfuzius und in Goethe. Solange Menschen in dieser Welt leben, die sich nicht als autonome Individuen, sondern als Teile eines Ganzen und Glieder einer Gemeinschaft empfinden, die auch die Natur, die Toten und den Kosmos einbegreift, bleiben große Lehren der Gemeinschaftskunst, wie die hier repräsentativ vorgestellten, lebendig und bedenkenswert.

Unsere drei Lehren haben ebendas gemeinsam und treten darum mit normativem Anspruch auf, daß sie Ethik, also Sitte, Tugend, Maß und Bindung, daß sie eine selbstverständliche Weltfrömmigkeit, daß sie Religiosität (nicht organisierte Religion!), Respekt und Bescheidung vor der uns umgebenden und erhaltenden Natur zu den Bausteinen der Gemeinschaftskunst gemacht haben, ohne die »Freiheit« – losgelöst von »Gleichheit« und »Brüderlichkeit/Schwesterlichkeit« – ihren hohen Sinn und ihre gesellschaftliche Bodenhaftung verliert.

Das hier vorgelegte Projekt ist selbst gewissermaßen ein

Fragment, ein notwendigerweise unvollständiger, vor allem aber ein ganz und gar unsystematischer Denkanstoß, der wohlwollende LeserInnen und EmpfängerInnen voraussetzt. Es ist kein fachspezifischer Beitrag zur sozialwissenschaftlichen Diskussion, sondern einer zur nie endenden und in Krisenzeiten wie der unseren besonders notwendigen Reflexion über ›Gemeinschaft und Gesellschaft‹ (Tönnies), um dieses klassisch gewordene, fruchtbare Begriffspaar zu bemühen. Über Religiosität in diesem Zusammenhang nachzudenken und als Konstituens aller historischen Gemeinschaften zu erinnern, ist dem sozialphilosophischen und soziologischen Diskurs der modernen Industriegesellschaften einigermaßen fremd; überflüssig sogleich hinzuzufügen, daß das nichts mit dem plötzlich modisch-aktuell gewordenen Rätselraten um Herkunft und Funktion von »Fundamentalismus«, unter welchem Etikett auch immer, zu tun hat. Indem wir an entweder historisch durch ihr geistig-spirituelles Erbe beglaubigte oder in vielfältiger Transformation geschichtsmächtig gewordene Lehren und Praktiken stabiler Gesellschaftsordnung erinnern (Ma'at und Konfuzius) sowie mit dem Zeugnis Goethes an ein großes Monitum, das am Anfang der politisch-ökonomischen Moderne steht und das sich, wie uns scheint, höchst fruchtbar auch in jenen »dreitausend Jahren« (West-östlicher Divan) spiegelt, laden wir ein zu einem Gespräch über Gemeinschaftskunst.

*Jan Assmann*
*Ekkehart Krippendorff*
*Helwig Schmidt-Glintzer*

Jan Assmann

# Ma'at – Gemeinschaftskunst im alten Ägypten

## Konstellative Anthropologie

Die alten Ägypter unterschieden, anders als wir, nicht nur zwischen Körper und Seele, sondern schrieben dem Menschen zwei verschiedene »Seelen« zu, die sie »Ba« und »Ka« nannten. Der Sinn dieser Unterscheidung läßt sich als »Körperseele« und »Sozialseele« verstehen. In dem Konzept einer »Sozialseele« wurzeln die ägyptischen Lehren der Gemeinschaftskunst. Der Ba, die Körperseele, beseelt den Körper zu Lebzeiten und trennt sich von ihm nach dem Tod, um zum Himmel aufzusteigen, hält aber die Verbindung zum mumifizierten Leichnam, auf dem er sich allnächtlich niederläßt. Der Ba wird als Vogel mit Menschenkopf dargestellt: der Vogelleib symbolisiert Freizügigkeit und Himmelsaufstieg, der Menschenkopf das Prinzip der Individualität, der physiognomischen Unverwechselbarkeit. Der Ka wird mit einem Zeichen geschrieben, das zwei vorgestreckte Arme darstellt. Der Ka geht in Form einer Umarmung vom Vater auf den Sohn über. So umfaßt der Schöpfergott Atum das aus ihm entstandene Zwillingspaar Schu und Tefnut:

Atum Cheprer,
du bist aufgegangen auf dem Benben
im Phönixhaus in Heliopolis.
Du hast ausgespien als Schu
und ausgehustet als Tefnut.
Du hast deine Arme um sie gelegt als die Arme des Ka,

damit dein Ka in ihnen sei.
Atum, mögest du dir deine Arme auch um NN geben,
(um dieses Bauwerk, um diese Pyramide) als Arme des Ka,
damit der Ka des NN in ihm sei,
fest für immer und ewig.
[Pyramidentexte §§ 1652-53; Tod und Jenseits, 62 f.]

Von dieser Umarmung erzählt auch das »Denkmal memphitischer Theologie«. Osiris ist von seinem Bruder Seth
erschlagen worden. Dem Sohn Horus gelingt es aber, dem
Mörder das Königtum zu entreißen. Osiris wird bestattet,
und Horus besteigt den Thron »in den Armen« des toten
Vaters:

So geriet Osiris in die Erde in der Königsburg
auf der Nordseite dieses Landes, zu dem er gelangt war.
Sein Sohn Horus erschien als König von Ober- und Unterägypten
in den Armen seines Vaters Osiris
inmitten der Götter, die vor ihm und hinter ihm waren.
[Denkmal memphitischer Theologie; Tod und Jenseits, 63]

In der Ka-übertragenden Umarmung wird ein Bund zwischen Diesseits und Jenseits, Lebenden und Toten gestiftet,
der die Grundlage der ägyptischen Gesellschaft bildet. Jeder Pharao ist Horus und steht mit dem Jenseits in Verbindung, als hinterbliebener »Sohn« sowohl der gesamten
Reihe seiner Amtsvorgänger bis zurück in graueste Vorzeit,
als auch der gesamten Götterwelt, der er im Kult als seinen
Vätern und Müttern gegenübertritt. Das Band, das der Ka
zwischen totem Vater und hinterbliebenem Sohn über die
Todesschwelle hinweg knüpft, bindet und trägt die ganze
ägyptische Religion, Kultur und Gesellschaft. Durch die
Sozialseele, die der Sohn vom Vater erbt und an seine Kinder weitergibt, ist der Einzelne in die Gemeinschaft eingebunden. Zu dieser Gemeinschaft gehören vor allem die

Toten. Die Urzelle der Gemeinschaft bildet die Verbindung von totem Vater und hinterbliebenem Sohn, deren mystisches Band über die Todesschwelle hinweg die Ka-übertragende Umarmung symbolisiert. Daß hier von Vater und Sohn die Rede ist, unter scheinbarer Absehung von Mutter und Tochter, soll uns nicht täuschen: das Ka-Konzept ist im gleichen Sinne verallgemeinerbar wie der von Sigmund Freud postulierte Ödipus-Komplex. Der Ka ist nicht nur das ägyptische Äquivalent zu der von Freud herausgestellten patri-ödipalen Tiefenstruktur der menschlichen Seele, er stellt auch das genaue Gegenteil der Freudschen Konzeption dar. Beruht der Ödipus-Komplex auf der Rivalität zwischen Vater und Sohn, woraus sich als Grundbedingung eines gelingenden Lebens die Ablösung des Sohnes vom Vater ergibt, so beruht der Ka auf dem Gedanken einer wechselseitigen Angewiesenheit. Der Sohn ist nichts ohne den Vater, der Vater nichts ohne den Sohn:

»Ach« ist ein Vater für seinen Sohn,
»ach« ist ein Sohn für seinen Vater.
[Spruch zum Totenopfer; Tod und Jenseits, 67]

»Ach« ist ein Schlüsselwort der ägyptischen Totenreligion. Es bezeichnet eine heilskräftige Wirksamkeit über die Todesschwelle hinweg. Auf diesem Vater-Sohn-Bündnis beruht die ägyptische Kultur. Dieses Bündnis wird in der mystischen Ka-Umarmung symbolisiert und besiegelt. Wie bei Freud Vatermord und Bruderbund, so gehören bei den Ägyptern Brudermord und Vaterbund zusammen. Seth, der Mörder des Osiris, ist sein Bruder; Horus, der Rächer des Osiris, ist sein Sohn. So wie der Bruderbund als Prinzip einer Gemeinschaftskunst auf dem Gedanken einer »horizontalen« Solidarität zwischen Gleichen, so fordert der Vaterbund die »vertikale« Solidarität zwischen

Ungleichen: Höheren und Niederen in der Sozialdimension, Toten und Lebenden in der Zeitdimension.

Im Rahmen dieses Modells erscheint nichts abwegiger und undenkbarer als die Freudsche Vatersemantik mit Kastrationsangst, Triebverzicht, Vatermord und Vaterkult, d. h. die ganze ödipale Struktur, die Freud als Grundstruktur jeder menschlichen Seele voraussetzte. Und doch läßt sich der Ka durchaus als ein Über-Ich im Freudschen Sinne interpretieren, das dem Einzelnen von seinem Vater bzw. seinen Vätern her zukommt und das er seinen Kindern weitergibt. Auch in Ägypten erscheint der Vater als der zentrale kulturelle Normensender, und diese Normen fordern Triebverzicht und Selbstzurücknahme. Den Ägyptern aber erscheint die in diesen Normen vermittelte Kultur nicht als Zwangsjacke, sondern als das lebenspendende Prinzip schlechthin. Für die Ägypter beginnt das Leben nicht mit der Geburt, sondern mit der Erziehung. »Der Eine lebt, wenn der Andere ihn leitet«, lautet das Sprichwort. Allein kann der Mensch nicht leben, er bedarf des Anderen. Zum Leben gehören mindestens zwei. In die gleiche Richtung weist auch eine Sentenz, die in einer Lebenslehre überliefert ist: »Ein Mensch entsteht, wenn er von Menschen umgeben ist. Er wird ehrfürchtig gegrüßt um seiner Kinder willen.« Ein Mensch entsteht nach Maßgabe seiner konstellativen Entfaltung in der »Mitwelt« seiner Familie, Freunde, Vorgesetzten, Abhängigen.

Wie nun der Eine erst lebt, wenn der Andere ihn geleitet, so gilt aber auch, daß er zu solchem Sich-leiten-Lassen erst erzogen werden muß. Durch seine Sozialseele ist der Mensch auf das Leben in Gemeinschaft angelegt und angewiesen, aber diese Anlage bedarf der Ausbildung. Daher handelt es sich um eine »Kunst«. Auf der Grundlage unseres »ödipalen« Menschenbildes würden wir eines der edukativen Hauptziele in der Erziehung zur Selbständigkeit erblicken. Der Ägypter denkt umgekehrt. Selbständigkeit, Autonomie, Durchsetzungsvermögen und Selbstbehauptung würde er zur rohen Natur rechnen, die es durch Bildung zu überwinden oder zu überformen gilt in Richtung auf Bindung, Altruismus, Selbstzurücknahme und Einfügung. Etwas von dieser Wertschätzung des rezeptiven, zuhörenden Sich-einfügen-Könnens kommt in einem Satz von Goethe zum Ausdruck, den er in den *Wahlverwandtschaften* als Eintragung in Ottiliens Tagebuch notiert: »Sich mitzuteilen ist Natur. Mitgeteiltes aufzunehmen wie es gegeben wird, ist Bildung.«

Solche »Bildung« ermöglicht es auch nach ägyptischer Auffassung dem Einen, sich vom Anderen geleiten zu lassen, und ermöglicht dem Anderen den geleitenden Umgang. Sitz der konnektiven Tugenden, die dem Einzelnen das Leben ermöglichen, indem sie ihn zur Bindung befähigen, ist dasselbe Organ, das ihm auch das Leben ermöglicht, indem es ihn als eine innere Vielheit von Aspekten und Konstituenten organisiert und koordiniert: das Herz. Von Natur aus ist das Herz der Sitz der Triebe und Leidenschaften. Durch Erziehung und Bildung aber wird es umgeformt in das Sozialorgan par excellence, und zwar als Organ des Verstehens im synchronen Raum der Sprache, der Kommunikation, des Aufeinander-Hörens, und als Organ des Gedächtnisses im diachronen Raum der Erinnerung und des Wartens, in der sozialen Zeit des Füreinander-Handelns.

Daß ein »konstellativer« Personbegriff und eine darauf aufbauende hochelaborierte Gemeinschaftskunst sehr gut zu einer Gesellschaft passen, die den ersten großräumigen Staat, von dem die Geschichte weiß, errichtet und über mehr als drei Jahrtausende perpetuiert hat, leuchtet ein.

Ein solches Projekt war nur auf der Grundlage starker konnektiver Tugenden, Ideale und Normen zu errichten und aufrechtzuerhalten. Die ägyptische Gemeinschaftskunst ist eine Beziehungsethik, im Unterschied zur abendländischen, auf Aristoteles zurückgehenden Tradition einer individuellen Glücks- oder Strebensethik. Die alten Ägypter entwickelten die Moral aus den Beziehungen heraus, die die Menschen zur Gemeinschaft verbinden. Leben, das wollen diese Lehren besagen, ist eine Kunst, die gelernt sein will, und zwar eine Kunst des Zusammenlebens, eine Gemeinschaftskunst. »Nur gemeinsam können wir leben«, in dieser Formel, auf die Theo Sundermeier die Quintessenz schwarzafrikanischen Lebensgefühls gebracht hat, läßt sich auch die altägyptische Ethik zusammenfassen. Leben ist eine Frage des Leben-Könnens, und Leben-Können hängt ab von der Fähigkeit zum Zusammenleben, von den konnektiven Tugenden und von der »Gesellschaftsfähigkeit«.

## Ma'at als iustitia connectiva

Das ägyptische Wort, das unserem Begriff »Gemeinschaftskunst« am nächsten kommt, ist Ma'at. Ma'at ist in erster Linie das Prinzip der Verbindung oder »Konnektivität«, es stiftet Zusammenhang: erstens der Menschen untereinander, so daß sie sich zur Gemeinschaft verbinden, zweitens der Rede, so daß sie »wahr« ist und in Beziehung steht zu den Absichten (dem »Herzen«) des Redenden und den Sachverhalten der Außenwelt, und drittens der Dinge, so daß sie in harmonischer Ordnung zueinander stehen. Wir übersetzen das ägyptische Wort Ma'at daher erstens als »Gerechtigkeit«: das ist im Ägyptischen die Ma'at, die man »tut«, zweitens als »Wahrheit«: das ist die Ma'at, die man »spricht«, und drittens als »Ordnung«: das ist die Ma'at, die der König »verwirklicht« oder »entstehen läßt« auf Erden, indem er die Isfet, das ist das Unrecht, die Lüge und die Unordnung, vertreibt.

Ma'at hängt mit einem Verbum *ma'a* zusammen, das »lenken« bedeutet. Wir können uns diesen etymologischen Zusammenhang im Deutschen mit Worten wie »richtig«, »richten« und »Richtung« klarmachen: in »richtig« haben wir das Element »Wahrheit«, in »richten« das Element Recht, Gerechtigkeit und in »Richtung« das Element eines zielgerichteten Zusammenhangs. Das alles schwingt in dem ägyptischen Begriff *ma'a* mit. Die ägyptischen Hieroglyphen sind im Unterschied zu unseren Buchstaben »motivierte« Zeichen, die dazu einladen, den Motiven ihrer Auswahl nachzugehen. Das Symbol und Schriftzeichen der Ma'at ist eine Straußenfeder. Mit der Straußenfeder werden Worte wie »Luft«, »Luftgott«, »aufschweben«, »Licht« und »Schatten« geschrieben. Diese Worte enthalten alle das Lautelement »schu«, so daß man mit dem Zeichen »Feder« den Lautwert »schu« verbindet. In der Schreibung des Wortes »Wahrheit« jedoch hat das Zeichen der Feder diesen Lautwert abgestreift. Wahrheit ist (ebenso wie »Sinn«) etwas so Unsichtbares, so Allgegenwärtiges, aber auch etwas zum Leben so unabdingbar Notwendiges wie die Luft. Wahrheit ist ein alldurchdringendes Lebenselement.

Die Assoziation der Ma'at mit der Luft, wie sie in dem Zeichen der Feder zum Ausdruck kommt, ist also eine »lebende Metapher«, die im Denken und Sprechen der Ägypter eine große Rolle spielt, z. B. in folgender Passage aus der autobiographischen Grabinschrift des Wesirs Rechmire:

Ich habe die Ma'at erhoben bis zur Höhe des Himmels,
und ihre Schönheit verbreitet, so weit die Erde ist,
auf daß sie ihre Nasen erfülle wie der Nordwind
und die Bitternis vertreibe in den Leibern.
[Ma'at, 103 f.]

Ein in den *Klagen des Oasenmannes* zitiertes Sprichwort
vergleicht die Ma'at mit der Luft zum Atmen: »Ma'at-Tun
ist Luft für die Nase.« In einer autobiographischen Inschrift des 9. Jahrhunderts v. Chr. rühmt sich ein Beamter:

Ich gab Gesetze gemäß den alten Schriften,
mein Sprechen bedeutete Atem des Lebens.

Ma'at ist dem Kosmos nicht mit der Schöpfung einge-
schrieben wie ein Programm, nach dem diese nun abläuft
und funktioniert. Sie muß vielmehr immer wieder hergestellt, verwirklicht, durchgesetzt werden. Sie ist der Welt,
der kosmischen wie der menschlichen, nicht natürlich. Natürlich ist der Welt vielmehr in beiden Sphären eine Ten-
denz oder Gravitation zum Zerfall, zur Auflösung von
Konnektivität. Daher ist Ma'at – das heißt die Herstellung
der Ma'at durch Handeln, Sprechen und herrscherliche
»Verwirklichung« – eine Kunst, die man nicht treffender
bezeichnen kann denn als »Gemeinschaftskunst«. Diese
Gemeinschaftskunst ist die Sache der Götter, die die »Weltordnung« herstellen und in Gang halten gegen die allgegen-
wärtige Gravitation zum Chaos, indem sie die göttlichen
Mächte zur Gemeinschaft verbinden, die Sache des Königs,
der sie auf Erden verwirklicht, indem er durch Opferkult
die Gemeinschaft zu den Göttern und Toten aufrechterhält
und den Lebenden Recht spricht, und sie ist schließlich
auch die Sache der einzelnen Menschen, die durch gerech-
tes Handeln und wahrhaftiges Sprechen die Gemeinschaft
fördern und in Gang halten. Ma'at stellt nicht nur Gemein-

schaft her zwischen den Göttern, den Menschen und den Toten, sondern auch zwischen den Ereignissen. Auf der Ebene der Ereignisse entspricht Ma'at daher dem, was man auch »Sinn« nennen könnte, denn Sinn läßt sich in erster Linie als »Zusammenhang« oder »Konnektivität« der Handlungen und Ereignisse definieren. Wir machen die Erfahrung der Sinnlosigkeit vor allem, wenn wir nicht sehen, wie eines mit dem anderen zusammenhängt.

Im alten Orient, vielleicht überhaupt in der ganzen alten Welt, erblickte man den Sinn des Geschehens darin, daß »die Tat zum Täter zurückkehrt«. Nichts bleibt folgenlos, irgendwann und irgendwie rächt sich das Böse und lohnt sich das Gute. Dies Prinzip nennt man den Tun-Ergehen-Zusammenhang. Wir finden diese »immanente Providenz« sowohl in der Bibel als auch in religiösen Gesellschaften wie der indischen noch heute ganz selbstverständlich. In populären Sprichwörtern ist diese Tiefenschicht auch in unseren säkularisierten Gesellschaften noch lebendig: »Lügen haben kurze Beine«, »Wer anderen eine Grube gräbt, fällt selbst hinein«, »Was du nicht willst, daß man dir tu, das füg auch keinem anderen zu« – nicht, weil Gott es so will, sondern weil Erfahrung lehrt, daß die Welt so funktioniert und dieser Weg folglich der richtige ist: das ist das Prinzip Weisheit. Im Horizont der Ma'at dagegen haben die Menschen selbst für den Zusammenhang von Tun zu sorgen und sehr viel dafür zu tun, daß sich das Gute lohnt und das Böse bestraft wird. Der Tun-Ergehen-Zusammenhang, mit anderen Worten, ist eine soziale Aufgabe. Daher ist Ma'at eine normative Kategorie oder »regulative Idee«. Sie ist nichts Vorgegebenes. Man muß sie »tun« und »sagen«, und das will gelernt und gekonnt sein. In diesem Sinne ist sie eine Kunst.

Dabei handelt es sich offensichtlich um eine im höchsten

Grade staatstragende Theorie oder auch Ideologie; Ma'at ist das Prinzip der Stabilisierung, die Antwort auf die Frage, woran wir uns halten können in einer von Zerfall, Verschwinden und Tod bedrohten Welt. Tod und Zerfall: in dieser Verbindung liegt das Geheimnis der ungeheuren Anziehungskraft, den der Begriff der Ma'at auf die Ägypter ausgeübt haben muß. Ma'at ist nicht nur staatstragend, sie verheißt auch dem Einzelnen Bestand über den Tod hinaus. Wer sein Leben im Sinne der Ma'at führt, der vergeht und zerfällt nicht im Tode. Ma'at ist das Prinzip des Zusammenhangs in der Sozial- und in der Zeitdimension. In der Sozialdimension wirkt sie solidarisierend, gemeinschaftsbildend, harmonisierend, friedenstiftend, und in der Zeitdimension wirkt sie stabilisierend, kontinuitätsstiftend und bewahrend. In der Sozialdimension schützt sie vor Zwietracht und Vereinsamung und in der Zeitdimension vor Scheitern und Verschwinden. Ma'at erlöst vom Tod, indem sie einen zerrissenen Zusammenhang wiederherstellt.

Für diesen Zusammenhang nun sind die Menschen selbst verantwortlich. Sie stellen ihn her, sie halten ihn in Gang. Das ist weder die Sache eines göttlichen Willens noch einer immanenten Weltordnung. Die Menschen sind frei, die Ma'at zu verwirklichen oder zu vertreiben. Natürlich verstoßen sie mit der letzteren Option sowohl gegen den Willen Gottes als auch gegen die Weltordnung, die in dem Begriff Ma'at immer mitgedacht ist, aber sie sind zu solchem Verstoß in der Lage und weder durch den göttlichen Willen noch durch die Weltordnung an die Ma'at gebunden, jedenfalls nicht im Sinne einer notwendigen Determination. Sie können auch anders. Freilich werden sie damit nicht glücklich, sie sind ihrem Wesen nach auf Ma'at angelegt. Sie sind Beziehungswesen, und Ma'at ist das Prinzip der Beziehung, der »Konnektivität«: Ma'at ist *iustitia connectiva*. Trotz dieser Anlage auf Ma'at hin müssen sie einiges dafür tun, die Ma'at aufrechtzuerhalten und in der Ma'at zu verbleiben. Die Möglichkeit des Scheiterns ist immer gegeben.

Die Menschen haben zwei Möglichkeiten, die Ma'at zu verfehlen, als einzelne und als Gesellschaft. Wenn der Einzelne sich nicht an die Ma'at hält, dann scheitert er, wenn nicht zu Lebzeiten, dann im Tod. Für ihn bedeutet der Tod das Ende, über das ihn keine Kontinuität hinwegrettet. Wenn die Gesellschaft die Ma'at verfehlt, dann lehnt sie sich gegen den Staat auf und zerstört das Königtum. Damit verschwinden die Rahmenbedingungen dafür, daß der Einzelne sich an die Ma'at halten und seinem Dasein über den Tod hinaus Bestand verleihen kann. Damit verschwindet der Sinn aus der Welt, die Welt geht aus den Fugen. Unter den Menschen herrschen Mord und Totschlag, die Stärkeren erschlagen die Schwächeren, Recht und Ordnung, Sicherheit und Vertrauen verschwinden aus der Welt und das Band zwischen Menschen und Göttern zerreißt. Das wird in der literarischen Gattung der Klagen ausführlich ausgemalt.

Zu dieser Gattung gehört auch ein Werk des Mittleren Reichs, das unter dem bereits zitierten Namen *Die Klagen des Oasenmannes* bekannt ist und ebensogut den Titel »Abhandlung über die Ma'at« tragen könnte. Der Plot der Geschichte ist kurzgefaßt folgender: Ein Oasenmann, Repräsentant also nicht nur der sozialen Unterschicht, sondern auch noch der geographischen und kulturellen Peripherie des ägyptischen Reiches, ist seiner bescheidenen Habe beraubt worden und wendet sich an den zuständigen Magnaten und Großgrundbesitzer dieser Gegend, den Oberhofmeister Rensi, dem auch die Rechtspflege in diesem Gebiet obliegt. Der Oasenmann bringt nun seine Klage in so gewählten Worten vor, daß der Hofmeister den König von diesem ungewöhnlichen Auftritt unterrichtet. Der gibt die Anweisung, den beredten Oasenmann möglichst lange hinzuhalten, um ihm auf diese Weise noch weitere Reden von so wunderbarer Schönheit zu entlokken. Während der König unauffällig die Versorgung des Oasenmanns und seiner Familie sicherstellt, wird dieser weisungsgemäß von Rensi hingehalten. Der Kläger muß naturgemäß die Nichtbehandlung seines Falles falsch auslegen. Da der Beamte zum Schweigen verpflichtet ist, drehen sich alle Vorwürfe um den Tatbestand schuldhafter Nichtintervention. Wer an verantwortlicher Stelle gegen das Unrecht nicht einschreitet, wird an ihm mitschuldig. Die neun Klagen gipfeln in dem orakelhaften Ausspruch:

Es gibt kein Gestern für den Trägen,
es gibt keinen Freund für den, der für die Ma'at taub ist,
es gibt kein Fest für den Habgierigen.
[Ma'at, 60]

Trägheit, Verstocktheit und Habgier sind die Anklagen, in denen die Kritik des Oasenmanns an der Rechtspflege des Oberhofmeisters kulminiert. Er handelt nicht, wo gehandelt werden muß. Wer nicht das Böse bestraft und das Gute belohnt, zerreißt das Band, das die Ma'at als *iustitia connectiva* zwischen Tun und Ergehen knüpft, und läßt zu, daß der Sinn aus den Geschehnissen entschwindet. Er hört nicht auf das, was ihm vorgehalten wird: er ist unfähig zum Hören, das die Grundlage jeder Erkenntnis und jeder gerechten Entscheidung bildet. Ihm fehlt es an »kommunikativer Solidarität«, weil er egoistische Motive verfolgt, er glaubt, sich an den geraubten Gütern des Oasenmannes bereichern zu können. Hinter diesen Vorwürfen stehen die drei zentralen Lehren der ägyptischen Gemeinschaftskunst: die Lehre vom rechten Hören, Reden und Schweigen, die Lehre vom rechten Handeln und die Lehre von der Überwindung der Habgier. Wir werden sie unten der Reihe nach behandeln. Zuvor aber gilt es, die allgemeinere Lehre in den Blick zu fassen, die gleichsam die Klammer aller in diesem Text vorgetragenen Klagen, Vorwürfe und Belehrungen bildet: die Lehre vom Staat. Hier wird staatliche Autorität von unten eingeklagt, weil sie – scheinbar – von oben nicht ausgeübt wird. Die Pointe der Geschichte ist, daß hier ein Mensch aus der untersten Schicht und der äußersten Peripherie des Reiches die Herrschenden an ihre Pflicht erinnert, ihre Macht auszuüben, um die Ma'at auf Erden durchzusetzen. Der Staat ist um der Kleinen und Schwachen willen da. Wenn sie nach oben hin kein Gehör finden, dann geht die Welt aus den Fugen, weil sie von der *iustitia connectiva* nicht mehr zusammengehalten wird.

*Die Klagen des Oasenmannes: Die neunte Klage*

Die Zunge ist die Standwaage der Menschen (= nach ihrer Rede
    werden sie gewogen),
die Handwaage ist es, die den Fehlbetrag feststellt.
Bestrafe den, der Strafe verdient!
Dann entsprichst du der Norm.

[...]

Wenn die Lüge fortgeht (stirbt), dann geht sie in die Irre.
Sie fährt nicht über (ins Jenseits) mit der Fähre, sie kommt nicht
    voran.
Wer durch sie reich wurde, hat keine Nachkommen,
der hat keine Erben auf Erden.
Wenn er mit ihr fährt, kommt er nicht an,
sein Schiff macht nicht fest im Hafen.

Sei nicht schwer, aber auch nicht zu leicht,
sei nicht langsam, aber übereile dich nicht.
Sei nicht parteiisch, höre nicht auf die Begierde!
Verhülle dein Antlitz nicht vor dem, der dir bekannt ist,
sei nicht blind gegenüber einem, der dich anblickt,
weise nicht zurück einen, der sich auf dich verläßt!
Steig herunter von dieser Untätigkeit, verkünde deinen
    Urteilsspruch,
handle für den, der für dich gehandelt hat!
Hör nicht auf jeden, der sich gegen ihn stellt.
Möge ein Mann vorgeladen werden zu seiner gerechten Sache.

Der Untätige hat kein Gestern,
der für die Wahrheit Taube hat keinen Freund,
der Habgierige hat keinen Festtag.

Wenn der Tadler zum Elenden wird,
und der Elende zum Bittsteller,
dann wird der Gegner zum Mörder:
Siehe, ich wende mich als Bittsteller an dich, aber du hörst es
    nicht.
So werde ich davongehen (= sterben, mir das Leben nehmen)
und mich deinetwegen als Bittsteller an (den Totengott) Anubis
    wenden.

Die Antwort auf den Dürstenden ist Wasser,
das Gelüst eines Säuglings steht auf Milch.
So ist der ersehnte Tod, wenn er erblickt wird, wie er kommt,
so kommt endlich der Tod zu ihm.
[Hornung, 25 f.]

In dieser letzten Klage behandelt der Oasenmann das Thema von Wahrheit und Lüge oder Gerechtigkeit und Unrecht im Horizont des Todes. Die Ungerechtigkeit scheitert
an der Todesschwelle, weil zu Unrecht erworbenes Vermögen nicht vererbt werden kann. Der Kläger selbst aber, der
alle Hoffnung verloren hat, mit seiner gerechten Sache auf

Erden Gehör zu finden, wird sich das Leben nehmen und zum Totengott Anubis gehen, um bei den Göttern über den Oberhofmeister und das bei den Regierenden auf Erden herrschende Unrecht Klage zu führen.

## Staatskunst als Gemeinschaftskunst

So wie Ma'at die Bedingungen dafür schafft, daß die Menschen sich zur Gemeinschaft verbinden, so schafft der Staat die Grundlage dafür, daß auf Erden Ma'at herrscht und nicht deren Gegenteil, Isfet. Daher lautet die erste Lehre der Gemeinschaftskunst, daß es auf Erden einen Staat geben muß. Diese Lehre ist die Konsequenz der Auffassung, daß das Prinzip der Konnektivität, das die Menschen zur Gemeinschaft verbindet und Sinn und Zusammenhang in den Lauf des Geschehens und die kosmischen Vorgänge bringt, weder dem Willen eines Gottes entspringt noch in der Welt als immanente Providenz angelegt ist, sondern von den Menschen selbst hergestellt und aufrechterhalten werden muß. Dazu sind die Menschen jedoch aus eigener Kraft nicht in der Lage; sie bedürfen dazu einer göttlichen Institution, des Staates, der vom Schöpfergott selbst auf Erden eingesetzt ist, um hier die Ma'at zu verwirklichen.

Für diese erste und grundlegende »Lehre der Gemeinschaftskunst« gibt es einen sehr zentralen, oft kopierten Text von offenbar kanonischem, d. h. im höchsten Maße normativem Rang, der in den königlichen Sonnenkultstätten des Neuen Reichs aufgezeichnet wurde. Es handelt sich um einen »kulttheologischen Traktat« über den König als Anbeter des Sonnengottes. Dabei bezieht er sich speziell auf die Anbetung des Sonnengottes am Morgen und daher im besonderen auf die Ma'at. Denn der Ma'at ist die Stunde des

Sonnenaufgangs im besonderen Maße heilig, »sie erhebt sich für Ma'at«, wie es ägyptisch heißt. Der Text ist dreigeteilt. Der erste Teil beschreibt den Sonnenaufgang, den der König mit seiner Anbetung begleitet, der zweite Teil handelt von der Einweihung des Königs in die Arcana des Sonnenlaufs, die ihn dazu befähigt, durch Anbetung fördernd in ihn einzugreifen, und der dritte Teil äußert sich noch allgemeiner und grundsätzlicher zur Bevollmächtigung des Königs als Sonnenpriester. Nicht nur sein Wissen legitimiert ihn zu solcher Machtausübung, sondern vor allem die Tatsache, daß der Sonnengott selbst ihn auf der Erde eingesetzt und mit umfassenden Pflichten beauftragt hat:

RE hat den König N. N. eingesetzt
auf der Erde der Lebenden
für unendliche Zeit und unwandelbare Dauer
beim Rechtsprechen den Menschen, beim Zufriedenstellen der
    Götter,
beim Verwirklichen der Wahrheit, beim Vernichten der Sünde
    (*jsft*);
er gibt den Göttern Opferspeisen,
Staatskunst als Gemeinschaftskunst
und den Verklärten Totenopfer.

Der Name des Königs N. N.
ist im Himmel wie RE;
er lebt in Herzensweite wie RE-HARACHTE.
Die Menschen jubeln, wenn sie ihn sehen,
das Volk bereitet ihm Ovationen
in seiner (kultischen) Rolle des »Kindes«.
[Ma'at, 206]

Der König verwirklicht die Ma'at durch Recht und Kult: indem er den Menschen Recht spricht und den Göttern und Toten Opfer darbringt. In allen Sphären stellt die Verwirklichung der Ma'at Zusammenhang und Gemeinschaft her. Der Kult sorgt für den Einklang von Himmel, Erde und Totenreich, und das Recht sorgt für Gemeinschaft und Ordnung unter den Menschen. Den Menschen Recht zu sprechen heißt, wie wir aus anderen Quellen erfahren, zu »richten zwischen dem Schwachen und dem Starken«.

Als Gerechtigkeit ist Ma'at nicht die blinde *iustitia* der römischen Tradition, die ohne Ansehen der Person Recht spricht, sondern die »rettende Gerechtigkeit« der orientalischen Tradition, die ihre Urteile in hellsichtigster Erkenntnis der unter den Menschen herrschenden Ungleichheit fällt und ihre Hauptaufgabe, den Inbegriff gerechter Rechtsprechung, darin sieht, die Schwachen vor den Starken zu schützen. Gerechtigkeit ist dieser Tradition zufolge nicht die blinde Vollstreckung des Gesetzes, sondern eine Rechtsprechung in Ansehung der Person, die geltendes Recht im Einzelfall auch einmal außer Kraft setzen kann, wenn es zu unmenschlichen Härten führte, und mit Gnade ebensoviel zu tun hat wie mit Recht. Nach altorientalischer und biblischer Rechtsauffassung dient das Gesetz nicht vornehmlich dem Schutz des Eigentums; im Gegenteil spielt der Gedanke gesetzlich vorgeschriebenen Verzichts auf Eigentum, etwa in der Form von Schulderlassen, eine große Rolle.

»Richten« bedeutet in erster Linie »schlichten«. Dabei geht es nicht um die Vollstreckung von Gesetzen einer zeitenthobenen Gerechtigkeit, sondern um die Wiederherstellung von Harmonie und Gemeinschaft durch die Schlichtung von Streit und Zwietracht. Das Ideal des guten Richters ist Thot, der Gott »der die streitenden Brüder (Horus und Seth) trennte, so daß beide zufrieden waren«. Der letzte Zweck des Urteils besteht nicht in der Bestrafung des Übeltäters, sondern in der Wiederherstellung der gestörten Harmonie. Ohne den Staat würde also nach

ägyptischer Auffassung nicht Ma'at auf Erden herrschen,
sondern Isfet. Was Isfet ist, erfahren wir aus den sogenannten Chaosbeschreibungen.

Alles wandelt sich, nichts ist mehr wie im vorigen Jahr,
ein Jahr lastet schwerer als das andere.
Das Land ist aufgewühlt, verwüstet.
Ma'at ist hinausgeworfen,
Isfet herrscht in der Ratsversammlung.
Die Pläne der Götter werden mißachtet,
ihre Opferversorgung vernachlässigt.
Das Land ist in schwerer Krankheit,
Jammer herrscht überall, Städte, Bezirke schreien laut,
alle sind gleichermaßen mit Unheil beladen.
Man achtet keine Würde mehr,
die Herren des Schweigens (die Toten) werden gestört.
Das ganze Land ist in großem Unheil,
keiner ist frei von Verbrechen.
Herzen sind gierig. Der sonst Befehle empfing, gibt jetzt Befehle.
[Klage des Chacheperreseneb; Hornung, 96]

Der Begriff der Isfet bezeichnet den Zustand des Gegen-
satzes menschenweltlicher Gerechtigkeit zu götterwelt-
licher Harmonie, dem durch Rechtsprechung und Kult abgeholfen werden muß. Isfet bedeutet aber nicht einfach
den Mangel an (die Abwesenheit von) Gerechtigkeit und
Harmonie, sondern deren Gegenteil, d. h. Unrecht und
Gewalt. Das ist entscheidend. Die »Erde der Lebenden«,
auf der der König durch Rechtsprechung und Kult die
Ma'at verwirklichen soll, ist keine *tabula rasa*, sondern
eine Sphäre, in der vorgängig, gewissermaßen von Natur
aus, Isfet herrscht. Der König muß die Isfet vernichten, um
die Ma'at zu verwirklichen. In der polarisierten Welt ist
jeder Akt der Ma'at-Verwirklichung ein Akt der Isfet-Ver-
nichtung – und umgekehrt. In den Klagen des Oasenman-

nes wird diese dialektische Beziehung in eindrucksvollen
Bildern zum Ausdruck gebracht:

Wer die Lüge vernichtet, fördert die Ma'at,
wer das Gute fördert, macht das Böse zunichte,
wie Sattheit den Hunger vertreibt,
Kleidung den Nackten bedeckt,
wie der Himmel heiter ist nach heftigem Sturm,
daß er alle Frierenden wärme,
wie Feuer rohe Nahrung kocht,
wie Wasser den Durst löscht.
[Hornung, 20 f.]

Die Lehre von der Isfet ist entscheidend für das Verständnis der ägyptischen Staatstheorie: denn auf ihr beruht die
Auffassung von der Notwendigkeit des Staates. Isfet bezeichnet nicht einfach einen Mangel, dem abgeholfen werden muß, sondern eine gegenstrebige Kraft des Bösen, gegen die das Gute – die Ma'at – durchgesetzt und immer
wieder aufrechterhalten werden muß durch unablässige
Gegensteuerung gegen die Gravitation zum Bösen. Diese
Gegensteuerung besteht in Rechtsprechung und Kult.

Die kompakte Formel des Königstextes: »den Menschen Recht sprechen« wird im 126. Kapitel des *Toten-
buchs* ersetzt durch das Prinzip der »rettenden Gerechtigkeit«: »Recht sprechen zwischen dem Armen und dem
Reichen« (bzw. »dem Schwachen und dem Mächtigen«).
Es handelt sich um eine Anrufung an »die vier Paviane am
Bug der Sonnenbarke«,

die die Ma'at aufsteigen lassen zum Allherrn,
die Recht sprechen zwischen dem Schwachen und dem Starken,
die die Götter befriedigen mit dem Hauch ihres Mundes,
die den Göttern Gottesopfer
und den Verklärten Totenopfer geben;

die von der Ma'at leben,
von der Ma'at essen,
mit rechtschaffenem Herzen, ohne Lüge,
deren Abscheu die Isfet ist:

Vertreibt mein Böses, tilgt meine Isfet,
keinerlei Schuld gebe es für mich vor euch!
Laßt mich die Höhle auftun, in Rasetau eintreten,
und vorbeiziehen an den geheimen Pforten des Westens,
auf daß man mir Brot, Bier und Opferkuchen gebe
wie diesen Verklärten, die in Rasetau aus und ein gehen.
[Ma'at, 197]

Damit wird klar, worin jene Isfet besteht, der der König
durch Rechtsprechung abhelfen bzw. gegensteuern muß:
in der Ungleichheit der Menschen. Gerichtet wird nicht
zwischen dem Guten und dem Bösen – ṣaddiq und rashaʿ,
wie es biblisch heißen würde –, sondern zwischen dem
Armen und dem Reichen, dem Schwachen und dem Starken. Damit wird unterstellt, daß der Reiche oder Starke
der Böse ist. Das heißt: das Böse liegt in der menschlichen
Natur, die, wenn man sie nur gewähren läßt, alle Chancen
von Macht, Reichtum, Stärke und Einfluß nutzen wird,
um die Schwächeren zu unterdrücken. Nicht die Ungleichheit als solche ist das Böse, sondern die Unterdrückung der
Schwachen durch die Starken, die damit unvermeidlich
verbunden ist.

Die Literaturgattung der »Klagen« schildert den Zustand einer Welt ohne Staat. Sie haben die Funktion, ein-
zuschärfen, daß nicht nur Frieden, Ordnung und Gerechtigkeit, sondern sogar der Sinn der Schöpfung und das
natürliche Gedeihen von der Existenz des Staates ab-
hängen. Wenn der Staat zerfällt oder wenn er, wie in den
*Klagen des Oasenmannes* unterstellt, seine Macht nicht
ausübt, dann verschwindet Ma'at aus der Welt. Alle Ge-

meinsamkeit zerfällt: Sprache, Wissen, Erinnerung. Wenn die Erinnerung schwindet, lohnt sich das Gute, rächt sich das Böse nicht mehr, die Zirkulation des Sinns bricht zusammen. Die Menschen verstehen sich nicht mehr, an die Stelle der Sprache tritt die Gewalt. Auch die Gemeinschaft mit den Göttern zerbricht. Die Götter wenden sich ab, die Natur verliert ihre nährenden Segenskräfte. Hungersnot und Verelendung sind die Folge. Dann herrschen unter den Menschen Mord und Totschlag. Alle Bindungen sind gelöst. Väter und Söhne bringen sich gegenseitig um. »Wenn drei auf der Straße gehen, findet man nur noch zwei: denn die größere Zahl tötet die kleinere«, wie es in einer anderen Klage, den *Mahnworten des Ipuwer*, heißt. Der Nil färbt sich rot von Blut. Die Welt fällt zurück in den ma'atlosen Naturzustand der gegenseitigen Unterdrükkung, des Faustrechts, der Gewalt.

Auf den Zerfall des Staates bezieht sich auch der apokalyptische Zustand, den die Chaosbeschreibungen der ägyptischen Klagen lehren. In den Prophezeiungen des Neferti, den Klagen des Chacheperreseneb und des Ipuwer wird dieser Zusammenhang explizit hergestellt. Auch in den Klagen des Oasenmannes geht es um eine Krise obrigkeitlicher Rechtspflege, die nicht eingreift, um den Schwachen aus der Hand des Starken zu erretten. Wenn Isfet Ungleichheit bedeutet, dann bedeutet Ma'at Ausgleich (und nicht etwa: Gleichheit). Isfet ist nicht einfach Ungleichheit, sondern die daraus nach ägyptischer Auffassung notwendig resultierende Unterdrückung der Kleinen durch die Großen. Das ist das Prinzip einer negativen Anthropologie. Es besagt, daß die Menschen unfähig zum Leben in der Gemeinschaft sind, sosehr sie auch andererseits darauf angewiesen sind. Immer werden die Stärkeren die Schwächeren umbringen oder unterdrücken. Wenn

Isfet diesen Zustand der Rechtlosigkeit, Gewalt und Unterdrückung bezeichnet, dann bedeutet Ma'at dessen Gegensatz, also nicht Gleichheit, sondern vielmehr ausgleichende Gerechtigkeit, die dem Schwächeren eine Chance gibt, Gewalt ausschließt, die Unterdrückten beschützt, den sprichwörtlichen Witwen und Waisen zu ihrem Recht verhilft und den »Schwachen errettet aus der Hand des Starken«, wie es ägyptisch heißt.

Die Verwirklichung der Ma'at ist also die vornehmste Aufgabe des Staates. Sie entspringt klar dem Willen Gottes, aber Gott delegiert sie an den König. Er selbst greift nicht ein, um sie auf Erden durchzusetzen. Allerdings ist dieser Gott auch kein *deus otiosus*, der sich nach getaner Schöpfungsarbeit von den Menschen abwendet und im Himmel zur Ruhe setzt. Ganz im Gegenteil: Als Sonnengott umkreist der Schöpfer unermüdlich die Erde und durchreist Himmel und Unterwelt, Götterwelt und Totenreich, um dort die Ma'at zu verwirklichen und die Isfet zu vertreiben. Nach ägyptischer Vorstellung ist die Schöpfung nicht mit einem siebten Tag zu Ende, sondern muß unablässig wiederholt und in Gang gehalten werden. Das ägyptische Wort für Schöpfung heißt in wörtlicher Übersetzung »das erste Mal« und bezieht sich auf die Initialzündung eines unablässig ablaufenden Prozesses. Diesen Prozeß denkt sich der Ägypter nicht als ein *perpetuum mobile*, sondern als einen Akt der Durchsetzung und Aufrechthaltung von Herrschaft, d. h. der Verwirklichung von Ma'at und der Vertreibung von Isfet. Auch auf dieser Ebene ist Ma'at also keine immanente Weltordnung, sondern eine immer wieder neu gegen Widerstände durchzusetzende Rechtsordnung. Immanent ist der Welt vielmehr eine Gravitation zu Chaos, Zerfall und Entropie, die sich in der Gestalt eines riesigen Wasserdrachens verkörpert und vom Sonnengott mit dem Beistand vieler anderer Götter unablässig bekämpft werden muß. Was die Ägypter dafür tun, ist einerseits der unablässige Vollzug ungezählter Rituale, die die kosmischen Vorgänge auf Erden begleiten und dadurch die irdische Welt dem kosmischen Prozeß einfügen und anpassen, und andererseits eben das Walten des Staates, der die Ma'at-durchsetzende Herrschaft des Sonnengottes auf Erden abbildet. Wenn der Staat zerfällt und die Riten nicht mehr durchgeführt werden, verliert die Erde ihre Ähnlichkeit mit dem Himmel, die Analogie zerfällt, die Spiegelung trübt sich, und der Sinn verschwindet. Wenn wir Ma'at und »Sinn« gleichsetzen, dann muß nach ägyptischer Auffassung dieser Sinn unablässig hergestellt und der Welt in Form von Riten und Rechtsprechung unablässig gewissermaßen eingehaucht werden. Der König verwirklicht die Ma'at, so hatte es Text (6) ausgedrückt, indem er den Menschen Recht spricht und den Göttern und Toten Opfer darbringt, also durch Recht und Kult. Der Kult sorgt für den Einklang von Himmel, Erde und Totenreich, und das Recht sorgt für den Schutz der Schwachen vor den Starken.

## Drei Grundlehren

### *Die erste Lehre:* Hören, Reden, Schweigen (kommunikative Solidarität)

> Wer für die Wahrheit taub ist, hat keinen Freund.
> Hören ist der Weisheit Anfang.

Der Weise Ptahhotep erbittet sich unter Hinweis auf sein hohes Alter die Erlaubnis des Königs, seinen Sohn unterweisen zu dürfen:

Herrscher, mein Herr!
Gebrechlichkeit ist entstanden, das Greisenalter ist eingetreten,
[...] Möge man dem Diener da befehlen, sich einen ›Stab des
Alters‹ zu schaffen! Dann werde ich ihm die Worte der ›Hörenden‹ sagen,
die Gedanken der Vorfahren,
die einst auf die Götter hörten (oder: die einst den Ahnen-Köni-
gen dienten).
Dann möge dir Gleiches widerfahren:
es möge der Streit vertrieben werden unter den Menschen,
und die beiden Ufer mögen dir dienen!

Da sprach die Majestät dieses Gottes:
So erziehe du ihn zu den Worten der Vergangenheit.
Dann wird er ein Vorbild sein für die Söhne der hohen Beamten.
Das Gehörte soll in ihn eintreten und alle Zuverlässigkeit dessen,
der zu ihm spricht.
Denn keiner wird weise geboren.

Ein greiser Vater gibt an der Schwelle des Todes die Summe
seines Wissens an seinen Sohn weiter. Das ist die typische
Überlieferungssituation der ägyptischen Weisheit. Sie hat
einen zugleich initiatorischen und testamentarischen Charakter. Der Schluß der Weisheitslehre kreist um das eine
Wort »hören«:

Wenn du auf das hörst, was ich dir gesagt habe,
dann werden alle deine Pläne an die Vorfahren heranreichen.
In der Art ihrer Ma'at liegt ihr Reichtum,
und die Erinnerung an sie läuft noch um im Munde der
Menschen,
weil ihre Sprüche so vollkommen sind.
Jedes Wort wird überliefert,
keines geht verloren in diesem Lande in Ewigkeit.
Ihnen gemäß werden gute Ratschläge erteilt
und ihnen gemäß sprechen die Notablen.

Das bedeutet, einen Mann zu unterweisen, um zur Nachwelt zu
   sprechen.
Wenn er darauf hört, wird er zum Meisterhörer.
Gut ist es, zur Nachwelt zu sprechen:
sie ist es, die darauf hören wird.
Wenn etwas Gutes geschieht durch einen, der ein Leitender ist,
dann wirkt er als Vorbild in Ewigkeit
und seine gesamte Weisheit dauert für immer.
Der Wissende sorgt für seinen Ba,
indem er seine Tugend in ihm befestigt zu Lebzeiten.
Man erkennt den Wissenden an dem, was er weiß,
den Notablen aber an seinen guten Taten.
Sein Herz entspricht seiner Zunge,
und seine Lippen sind aufrichtig, wenn er spricht.
Seine Augen sehen,
seine Ohren sind vollkommen im Hören auf das, was seinem
   Sohn wohltut.

Wohltätig ist das Hören für den hörenden Sohn.
Wenn das Gehörte eintritt in den Hörenden,
wird der Hörende zu einem, auf den gehört wird.
Wenn das Hören gut ist, ist das Reden gut,
und der Hörende ist ein Besitzer von Wohltätigem.

Wohltätig ist das Hören für den Hörenden,
besser ist Hören als alles andere,
denn die Beliebtheit gelangt zur Vollendung.
Wie schön ist, wenn ein Sohn annimmt, was sein Vater sagt:
ihm wird hohes Alter zuteil dadurch;
denn ein von Gott Geliebter ist der Hörende,
aber ein von Gott Gehaßter kann nicht hören.

[...]
Der Tor aber, der nicht hört,
für den wird nichts getan;
Wissen sieht er als Unwissen an,
Förderliches als Schädliches:

Alles Schändliche tut er,
so daß Klage geführt wird über ihn Tag für Tag.

Er lebt von dem, woran man stirbt,
seine verderbliche Nahrung ist Sprechen.
Seine Verfassung darin ist den Fürsten bekannt,
nämlich: lebendig tot zu sein Tag für Tag.
Man geht vorüber an seinen Notlagen.
[Ma'at, 75 f.]

Wer nicht hört, kann nichts Gutes tun und ihm wird nichts zugute getan; er kann nichts Gutes sagen und wird auch nicht angesprochen, sondern »(schweigend) übergangen«. Dahinter steht die Formel »die Ma'at tun – die Ma'at sagen«, die in den *Klagen des Oasenmannes* geradezu im Sinne eines kategorischen Imperativs zitiert wird als »jenes schöne Wort, das aus dem Munde des Re selbst kam: Sage die Ma'at, tue die Ma'at!« Wer unfähig ist, zu verstehen, kann zwischen Gut und Böse nicht unterscheiden. Schädliches sieht er als förderlich, Förderliches als schädlich an. So ist er nicht nur unfähig, anderen etwas Gutes zu tun, sondern es kann auch ihm selbst nichts Gutes getan werden. Seine soziale Inkompetenz isoliert ihn aus dem Gefüge der lebenspendenden Konnektivität des Füreinander-Handelns und Einander-Leitens. Zum Leben gehört Aufgeschlossenheit für die leitenden Impulse des Anderen. Solche Aufgeschlossenheit nennt der Ägypter »Hören«. Das Ideal ist das »hörende Herz«. Die Konstellationen der Konnektivität werden vor allem vermittelst der Sprache geknüpft. Wer nicht auf die anderen hören kann, ist zur Einsamkeit und damit zum Tode verurteilt.

In der Maxime über den Toren werden »Reden« und »Essen« gleichgesetzt; auch uns ist ja die Wendung »Worte in den Mund nehmen« vertraut. Wer Schlechtes redet,

»lebt von verderbter Nahrung«, er lebt von dem, »woran man stirbt«. Dahinter steht der Gedanke, daß man von der Sprache lebt, von der Sprache, die man hört und versteht, und von der Sprache, in der man sich anderen gegenüber zu verstehen gibt. Die Sprache ist das wichtigste konnektive Medium und Lebenselement des Menschen; daher spielt sie auch im Umgang mit den Toten eine so zentrale Rolle. Und daher ist, wer zu guter Rede und Zuhören nicht fähig ist, »lebendig tot«. – In den Klagen des Oasenmannes geht es um einen Richter, der sich taub stellt gegenüber der Ma'at. Da das ägyptische Wort für »Richter«, wörtlich übersetzt, der »Hörende« bedeutet, stellt ein »Hörer, der nicht hört« den Gipfel der Perversion dar. »Daß du eingesetzt wurdest, ist doch, um die Rede zu hören!« hält der Oasenmann dem Beamten vor. Zuhören ist die vornehmste Tugend des Richters:

Aufmerksamen Herzens beim Anhören der Worte,
ein dem Gotte Gleicher in seiner Stunde.
[Stele Cairo CG 20539; Ma'at, 73]

Die Tugend der »Aufmerksamkeit« bezieht sich auf die Kunst des guten Zuhörens, d. h. des Verstehens, und bezeichnet Eigenschaften wie »geduldig«, »verständnisvoll«, »bedachtsam«, »zugewandt«. Der grundlegende Text über das Zuhören steht in der Lehre des Ptahhotep. Dort heißt es:

Wenn du in einer Stellung bist, daß man sich mit Petitionen an
    dich wendet,
dann sollst du hören auf die Worte des Bittstellers.
Weise ihn nicht ab, bis er seinen Leib ausgefegt hat
von dem, was er sich zu sagen vorgenommen hat.
Wer Kummer hat, möchte lieber sein Herz erleichtern
als Erfolg haben mit dem, weswegen er gekommen ist.

[...] Nicht alles, worum er bittet, erfüllt sich,
aber (schon) gut zuhören tut dem Herzen wohl.
[Ptahhotep Max. 17; Ma'at, 73]

Mit dem Imperativ »Sage die Ma'at« ist mehr gemeint als
»Sage die Wahrheit« bzw. »Du sollst nicht lügen«, nämlich: »Sprich solidarisch, im Einklang mit dem in deine
Rede gesetzten Vertrauen. Zerstöre nicht mit deiner Zunge
die Solidarität des Vertrauens, den sozialen Einklang.«
Solches Reden ist mit der Wendung »die Ma'at sagen«
gemeint und mit ihrer synonymen Paraphrase »Gutes sagen, Gutes wiederholen«. Dies ist genau jenes »gute Reden«, das, Ptahhotep zufolge, aus gutem Hören kommt. In
den Weisheitstexten des Neuen Reichs spielt die Warnung
vor sprachlichem (kommunikativem) Fehlverhalten eine
große Rolle:

Schneller ist die Rede eines, dessen Herz geschädigt ist, als Wind
    und Regen.
Er wird zerstört und er wird erbaut durch seine Zunge
und doch spricht er mangelhafte Rede.
Er gibt eine Antwort, die Prügel verdient,
indem ihre Fracht Schädigung ist.
Er macht eine Fahrt unter den Menschen,
indem er falsche Rede geladen hat;
er ist ein Fährmann, der von Worten gefangen ist,
er wird umgetrieben im Streit.
Sei es, daß er ißt, sei es, daß er trinkt im Innern,
so ist seine Antwort draußen.
[Amenemope Kap. 9; Ma'at, 81]

Wie die Ma'at lebenspendend, so ist das Gegenteil der
Ma'at – äg. *grg*, »Lüge« – todbringend. In der Tat ist die
Wendung »von der Ma'at leben« in ägyptischen Texten
gang und gäbe. Das Schicksal des Ma'at-Tauben ist Isola-
tion, sozialer Tod:

Ich war einer, der gegenüber dem Zornigen schweigt,
und geduldig ist gegenüber dem Unwissenden, um der
   Aggression zu wehren.
Ich war einer, der kühl ist, frei von Übereilung,
weil er den Ausgang kennt und die Zukunft bedenkt.
Ich war einer, der das Wort ergreift am Ort des Streits,
der den richtigen Spruch kennt für das, worüber man zornig ist.
Ich war einer, der milde war, wenn ich meinen Namen hörte,
zu dem, der mir sagte, was in (seinem) Herzen war.
Ich war einer, der sich zusammennimmt, der vergibt, milde ist,
der die Tränen stillt durch ein gutes Wort.
Ich war einer mit hellem Gesicht zu seinen Klienten,
der seinesgleichen Wohltaten erwies.
Ich war einer, der korrekt ist im Hause seines Herrn,
der zu dienen weiß mit hilfreicher Rede.
[Stele des Antef; BM 580]

Was geschieht, wenn die Gesellschaft (und das heißt ägyptisch: die Menschheit) insgesamt die Sprache verliert, nicht mehr zuhören, sich nicht mehr verständigen kann? Diese Frage ist das große Thema der »Klagen« und ganz besonders des *Gesprächs des Lebensmüden mit seinem Ba*. Das zweite Lied des »Lebensmüden«, dessen Strophen mit der Zeile anfangen: »Zu wem kann ich heute reden?« behandelt den Zusammenbruch von Ma'at und Freundschaft:

Zu wem kann ich heute reden?
Die Brüder sind böse, die Freunde von heute, sie lieben nicht.

Zu wem kann ich heute reden?
Die Herzen sind habgierig, jedermann nimmt die Habe seines
   Nächsten.

Zu wem kann ich heute reden?
Der Milde geht zugrunde, der Gewalttätige ist herabgestiegen zu
   jedermann.
[...]

Zu wem kann ich heute reden?
Es mangelt an einem Vertrauten, man nimmt Zuflucht zu einem
    Unbekannten, um ihm zu klagen.

Zu wem kann ich heute reden?
Es gibt keinen Zufriedenen; den, mit dem man ging, gibt es nicht
    mehr.

Zu wem kann ich heute reden?
Ich bin beladen mit Elend aus Mangel an einem Vertrauten.
[Ma'at, 82 f.]

Was hier beklagt wird, ist der Zerfall des Zueinander-Re-
dens. Das ist durchgängiges Thema aller Klagen. Wo die
Sprache aufhört, übernimmt die Gewalt:

Es schmerzt, zu schweigen zu dem, was man hört,
aber es ist vergeblich, dem Unwissenden zu antworten.
Einer Rede zu entgegnen schafft Feindschaft,
das Herz nimmt die Wahrheit nicht an,
man kann die Antwort auf eine Rede nicht ertragen,
jedermann liebt nur seinen eigenen Ausspruch.
Jedermann baut auf Heimtücke,
aufrichtige Rede hat man fallengelassen.
[Klage des Chacheperreseneb; Ma'at, 84]

Auch in den *Prophezeiungen des Neferti*, jenes wohl be-
rühmtesten Texts der Gattung, der später zu den Schul-
klassikern gezählt wurde, spielt dieses Thema eine zentrale
Rolle:

Man gibt nur mit Haß, um den Mund, der spricht, zum Schwei-
    gen zu bringen.
Um ein Wort zu beantworten, fährt der Arm mit dem Stock
    heraus,
man spricht durch Totschlag.
Rede wirkt auf das Herz wie Feuerbrand,
man kann das Wort eines Mundes nicht ertragen.
[Ma'at, 84]

Noch im spätesten Vertreter dieser Gattung, der überhaupt aus Ägypten erhalten ist, der koptischen Fassung
der Asklepius-Apokalypse, erscheint »das Fehlen guter
Worte« unter den Anzeichen des Weltuntergangs. Daher
wird positiv gelehrt:

Schöpfe erst die Kraft der Worte aus, bevor du Gewalt
    anwendest!

Am deutlichsten vertritt diesen Gedanken die *Lehre für
Merikare*:

Sei ein Meister im Reden, um stark zu sein!
Der Schwertarm eines Königs ist seine Zunge.
Die Rede ist mächtiger als der Waffenkampf.
[Ma'at, 85]

Wenn die Ma'at aus der Welt verschwindet, hört das Zu-
einander-Reden und Aufeinander-Hören auf. Worum es
geht, ist der *Verlust an Gemeinsinn*. Die Lehren behandeln
unter dem Thema des Toren den individuellen Mangel an
Gemeinsinn, die Unfähigkeit zum Zuhören allgemein und
zum Hören auf die Ma'at im besonderen, die Klagen ent-
werfen das Bild einer ganzen Gesellschaft, aus der der Gemeinsinn verschwunden ist. Mit diesem Begriff eines *sensus communis* ist die Klammer am präzisesten bezeichnet,
die in den Texten die Themen »Sprache« (zueinander sprechen – aufeinander hören) und »Freundschaft«, d. h. So-
zialität, Gemeinschaft, Solidarität, miteinander verbindet.

*Die zweite Lehre:* Handle für den, der handelt
(aktive Solidarität)

Der Träge hat kein Gestern.

Trägheit: das ist der Vorwurf, den der Oasenmann am häufigsten erhebt. Gemeint ist Nichthandeln, Unterlassen. In der Tat ist Handlungsabstinenz ja der hervorstechendste Zug im Verhalten des Oberhofmeisters. Alles Handeln ist kommunikativ verzahnt, ist entweder Antwort oder erfordert eine Antwort. Der Raub des Esels und der Ladung ist eine Handlung (ein Rechtsbruch), die Bestrafung erfordert. Die Klage des Oasenmannes ist eine Handlung (ein Antrag), die Befassung erfordert. Wer hier untätig bleibt, unterbricht die Kontinuität der Wirklichkeit, die auf der »Verfugung des Handelns« beruht. Die kommunikative Verfugung des Handelns erfordert Gedächtnis: die Präsenthaltung der Vergangenheit, des »Gestern«, wie es in dem Text heißt. Der Träge hat kein Gestern, d. h., er ist unfähig dazu, sich auf die Vergangenheit zu beziehen. Er vergißt das Gestern und die Forderungen, mit denen es das Heute an sich knüpft. Seine Vergeßlichkeit löst dieses Band. Er lebt verantwortungslos im fortwandernden Heute und verstößt auf diese Weise gegen die Ma'at. Über solche Haltung beklagt sich auch der bereits zitierte *Lebensmüde:*

Zu wem kann ich heute noch reden?

Man erinnert sich nicht des Gestern, man handelt nicht für den, der gehandelt hat heutzutage.

»Man erinnert sich nicht des Gestern«: Das ist zunächst nichts anderes als ein Ausdruck für Vergeßlichkeit, für den Verfall des Gedächtnisses. Als solcher erscheint er z. B. in der Beschreibung der Altersbeschwerden, mit denen die Lehre des Ptahhotep anhebt: »das Herz läßt nach, es erinnert sich nicht mehr des Gestern.« Hier ist aber nicht die individuelle, sondern die soziale Vergeßlichkeit gemeint, der Zerfall des »Füreinander-Handelns«. Das macht der Nachsatz klar. Wenn das soziale Gedächtnis zerfällt, ägyptisch gesprochen »das Gestern vergessen wird«, zerfällt auch das Netz der Solidarität, und die Welt wird zum Kampfplatz eines Kampfes aller gegen alle:

Siehe, man kämpft auf dem Kampfplatz, denn das Gestern ist vergessen.
Nichts gelingt dem, der den nicht mehr kennt, den er gekannt hat.
[Lehre des Amenemhet I.; Ma'at, 62]

Solidarisches Handeln setzt soziales Gedächtnis voraus, d. h. einen Motivationshorizont, der sich nicht immer neu von Tag zu Tag nach der jeweiligen Interessenlage konstituiert, sondern in die Vergangenheit zurückreicht, gestern und heute umgreift, das Heute an das Gestern rückbindet. Das heißt verantwortungsvolles Handeln im Sinne der Ma'at. So hatte es der Oasenmann selbst an einer früheren Stelle ausgeführt:

Ein guter Charakter kehrt zurück an seine Stelle von gestern,
denn es ist befohlen: Handle für den, der handelt,
um zu veranlassen, daß er tätig bleibt.
Das heißt, ihm danken für das, was er getan hat.
[Ma'at, 62]

Diese Verantwortlichkeit, am »Gestern« festzuhalten, kennzeichnet den »guten Charakter«. Sein Gegensatz ist der »Träge«, der »kein Gestern hat«, der sich der naturhaften Vergeßlichkeit hingibt. Er sagt sich los von der Verläßlichkeit, der »Berechenbarkeit«, die das Wesen des Kulturmenschen, das Ziel der »Arbeit des Menschen an sich selber« (Nietzsche) darstellt. Der Ägypter entwickelt den Begriff des verantwortlichen (gewissenhaften) Handelns nicht, wie F. Nietzsche in seiner Genealogie der Moral aus dem Spezialfall des Versprechens (mit Blick auf die Zukunft), sondern aus dem der Dankbarkeit (oder allgemeiner: der Beantwortung vorangegangenen Handelns, also mit Blick auf die Vergangenheit). Verantwortliches Handeln heißt ägyptisch »Handeln für den, der handelt«, also »Füreinander-Handeln«. Diese Wendung begegnet hier wie im »Lebensmüden« im Zusammenhang mit der Erinnerung an das Gestern. Offenbar handelt es sich bei diesem »Füreinander-Handeln« um eine Formel von terminologischer Prägnanz. Füreinander-Handeln setzt voraus, »den zu kennen, den man gekannt hat«.

Durch die Verbindung mit dem Gestern, d. h. die Betonung der Vergangenheit, wird der ägyptische Begriff der Reziprozität als des »Füreinander-Handelns« zu einer Sache des Gedächtnisses. Handeln heißt sich erinnern, Nichthandeln vergessen. Der Untätige verliert das Gestern aus dem Auge und den Anspruch, den es an das Heute stellt. In einem anderen Text stoßen wir auf den Satz:

Der Lohn eines Handelnden liegt darin, daß für ihn gehandelt wird.
Das hält Gott für Ma'at.
[Stele des Königs Neferhotep; Ma'at, 65]

Darin wird inhaltlich bestimmt, was Gott unter Ma'at versteht, allerdings auf eine so allgemeine Weise, daß es schon der Goldenen Regel oder dem kategorischen Imperativ entspricht. Wie du handelst, wird für dich gehandelt. Der Lohn deines Handelns liegt in der Antwort. Gib, so wird dir gegeben. Der Zusatz »das hält Gott für Ma'at« sagt nicht, daß Gott es ist, der die Tat vergelten wird, sondern daß die Welt so funktioniert und daß Gott es so richtig findet.

In den autobiographischen Grabinschriften der alten Ägypter nimmt das Thema des rechten Handelns, der aktiven Solidarität, einen auffallend zentralen Platz ein. Diese Inschriften haben einen unverkennbar apologetischen Charakter. In ihnen rechtfertigt sich ein »Grabherr« vor der Nachwelt gegenüber dem impliziten Vorwurf, seinen Reichtum auf Kosten anderer erworben zu haben. Die frühesten Inschriften dieser Art betonen die Rechtmäßigkeit des Grabbaus: keine älteren Gräber sind dabei beschädigt worden und die Handwerker wurden anständig entlohnt.

Ich habe dieses Grab errichtet aus meinem rechtmäßigem Besitz; niemals habe ich irgend jemand etwas weggenommen.
[Ma'at, 97]

Alle Leute, die darin für mich gearbeitet haben, für die habe ich gehandelt, daß sie mir über die Maßen dankten. Sie machten »dies« (Grab) für mich gegen Brot, Bier und Kleidung, Salböl und Korn in reichlichster Weise. Niemals habe ich irgendwelche Leute unterdrückt.
[Ma'at, 98]

Später wird diese Rechtfertigung verallgemeinert und vom Spezialfall des monumentalen Grabbaus auf das Ganze der Lebensführung übertragen. Denn es sind die Mächtigen, die diese Inschriften aufstellen, und sie müssen sich rechtfertigen, weil die Macht an sich in Ägypten – darauf haben wir bereits hingewiesen – unter dem grundsätzlichen Verdacht der Ausbeutung und Unterdrückung steht. Wenn der Begriff der Rechtsprechung erläutert wird als »den Armen erretten aus der Hand des Mächtigen«, dann müssen die Mächtigen betonen, daß sie zu solcher Rettung keinen Anlaß gegeben haben. So lesen wir etwa:

Ich gab Brot dem Hungrigen
und Kleider dem Nackten.
Ich habe meinen Vater geehrt
und wurde von meiner Mutter geliebt.

Ich habe niemals etwas Schlechtes,
Böses oder Boshaftes gesagt gegen irgend jemand,
denn ich wollte, daß es mir gutginge und daß ich
ein Jenseitsversorgter sei bei Gott und bei den Menschen für
    immer.
[Ma'at, 99 f.]

In späteren Inschriften treten die sprichwörtlichen Witwen und Waisen als die exemplarischen Objekte patronaler Wohltätigkeit auf. Im Rahmen eines »konstellativen« Menschenbilds muß deren Schicksal besonders furchtbar erscheinen; sie sind vor allen anderen auf einen »Patron« angewiesen, der den Gatten und Vater vertritt, sie dadurch wieder in eine Konstellation einbindet und ihnen damit zu einer sozial anerkennungsfähigen Personalität verhilft. Die Witwen und Waisen können geradezu als ein Erkennungszeichen dienen für die Mentalität der »vertikalen Solidarität« und »konnektiven Gerechtigkeit«; wo immer wir in altorientalischen, biblischen und ägyptischen Texten auf dieses Motiv stoßen, haben wir es mit dieser Grundeinstellung zu tun. Die folgende Inschrift stammt von einem Vezir des Neuen Reichs:

Ich habe die Ma'at erhoben bis zur Höhe des Himmels,
und ihre Schönheit verbreitet, so weit die Erde ist,
auf daß sie ihre Nasen erfülle wie der [Nordwind]
und die Bitternis vertreibe in den Leibern.
Ich habe Recht gesprochen zwischen dem Armen und dem Reichen,
ich habe den Schwachen bewahrt vor dem Starken,
ich habe die Wut des Bösen abgewehrt,
ich habe den Habgierigen zurückgedrängt in seiner Stunde,
ich habe [...] die Zeit des Wütenden.
Ich habe die Tränen abgewischt [...],
ich habe die Witwe beschützt, die keinen Gatten hat,
ich habe den Sohn eingesetzt auf den Amtssitz seines Vaters,

ich habe [Brot] gegeben [dem Hungrigen]
und Wasser dem Durstigen,
Fleisch, Salbe und Kleider dem, der nichts hat.
Ich habe den Alten gestärkt,
indem ich ihm meinen Stock gab,
ich veranlaßte, daß die alten Frauen sagten: »das ist eine gute
   Sache!«
[Ma'at, 103 f.]

Durch das Prinzip der »vertikalen Solidarität« wird die
Ungleichheit nicht aufgehoben, sie wird lediglich in ihren
Folgen gemildert: durch soziale Normen, die Wohltätigkeit
und Armenpflege, Erbarmen und Verantwortung einschär-
fen im Sinne von Verpflichtungen, die mit der Zugehörigkeit
zur Hierarchie verbunden sind. In Ägypten gibt es keine
kodifizierten Gesetze. Wir stoßen aber auf ähnliche Grundsätze in den Lebenslehren und biographischen Grabinschriften, die wir als Kodifikationen sozialer Normen ansehen dürfen. So heißt es etwa in der späten Lehre des
Amenemope:

Wenn du einen großen Rückstand bei einem Armen findest,
so mache daraus drei Teile:
Erlasse (ihm) zwei davon und laß nur einen stehen.
Du wirst diese (Vorgehensweise) wie den Weg des Lebens finden
[...]
Besser als Schätze im Speicher ist es,
als Menschenfreund gelobt zu werden.
[Amenemope Kap. 13]

In einer etwa gleichzeitigen Inschrift rühmt sich ein Prie-
ster, diese Grundsätze in seiner Lebensführung in die Tat
umgesetzt zu haben:

Ich war besorgt, den Thebanern Saatgutdarlehen zu geben,
und ich erhielt die Armen meiner Stadt am Leben.

Ich war nicht zornig gegen einen,
der (es) nicht zurückzahlen konnte.
Ich bedrängte ihn auch nicht (mit der Drohung),
ihm seine Habe wegzunehmen.
Ebenso ließ ich es nicht zu, daß er seine Güter einem anderen
  verschrieb,
um seine Schuld, die er aufgenommen hatte, zu tilgen.
[E. Otto, Biographische Urschriften der ägyptischen Spätzeit, 89]

Ein anderer nennt sich lapidar: »Einer, der die Abgaben lindert und Steuerrückstände erläßt«.

*Die dritte Lehre:* Du sollst nicht begehren.

Der Habgierige hat kein Fest.

Habgier ist im Ägyptischen eine Eigenschaft des Herzens; der ägyptische Ausdruck *'wn-jb* ist mit dem Wort für »Herz« gebildet und bedeutet wörtlich »raffgierig in bezug auf das Herz«. Zum Feiern gehört die Verschwendung, die »unproduktive Verausgabung«. Weil der Habgierige zum Feiern außerstande ist, schädigt er sein »Herz« und seinen »Ka«. Hier geht es also um die Zerstörung nicht der Außenbezüge, sondern der inneren Persönlichkeit. »Herz« und »Ka« sind in der erstaunlich differenzierten Begrifflichkeit der ägyptischen Anthropologie Sitz von Denken, Wille, Erkenntnis und Empfindung. Offenbar dient nach ägyptischer Vorstellung das Fest der Reintegration der durch die Mühen, Sorgen und Geschäfte des Alltags und vor allem durch das Erwerbsstreben beeinträchtigten, vereinseitigten Persönlichkeit.

Habgier stellt sich aber nicht einfach als dritte und schwerste »Sünde gegen die Ma'at« neben die anderen beiden; wir müssen hierin vielmehr eine Art Oberbegriff sehen, der alle Verfehlungen gegen die Ma'at zusammenfaßt und bedingt. »Habgier« ist das Gegenprinzip schlechthin gegen alles, was Ma'at bedeutet. Wenn Ma'at eine positive »soziogene« Energie darstellt, die Kohärenz und Einklang stiftet auf den drei Ebenen der Zeit (Tun-Ergehen-Zusammenhang), der Gesellschaft und der Person, dann ist Habgier das destruktive Prinzip, das auf denselben drei Ebenen (und nicht nur auf der Ebene der Person) zerstörerisch wirkt. Habgier zerstört die sozialen Bindungen (so hat das auch der Oasenmann an einer früheren Stelle zum Ausdruck gebracht: »Habgier zerstört die Freundschaft«), und sie zerstört – in der Zeitdimension – die Dauer, die Einbindung des Einzelnen in die Fortdauer der Gruppe und ihrer Erinnerung.

Wer nicht feiern kann, isoliert sich von seinen Nachbarn und schneidet sich auch die Zukunft, die Hoffnung auf ein »schönes Begräbnis« im liebenden Andenken seiner Mitwelt ab. Es sind genau diese beiden Aspekte, die in den entscheidenden Texten über die Habgier, den Maximen XIX und V der Lehre des Ptahhotep, herausgestellt werden. In diesen Texten wird vollkommen klar, daß der ägyptische Begriff *ʿwn-jb*, den wir mit »Habgier« übersetzen, sehr viel allgemeiner zu verstehen ist, nämlich als das Ma'at-antagonistische Prinzip *par excellence*. Ist Ma'at der Wille der Gemeinschaft, den sich der Einzelne, sofern er zu »hören« versteht und einen *sensus communis* besitzt, zu eigen macht, dann ist »Habgier« der *Eigenwille*, der sich solcher Einfügung entgegenstellt. Ist Ma'at Altruismus und Reziprozität, dann ist »Habgier« Egoismus und Autarkie. In diesen allgemeinen Kategorien ist der Begriff der »Habgier« zu interpretieren, wie ihn die V. und die XIX. Maxime behandeln.

*Maxime V:*

Wenn du ein Mann in leitender Stellung bist,
der vielen Befehle gibt,
dann strebe fortwährend nach richtigem Handeln,
bis dein Verhalten ohne Fehl ist.

Groß ist die Ma'at, dauernd und wirksam,
sie wurde nicht gestört seit der Zeit des Osiris.
Man bestraft den, der ihre Gesetze übertritt,
aber dem Habgierigen erscheint das als etwas Fernes.

Die Gemeinheit rafft zwar Schätze zusammen,
aber niemals ist das Unrecht gelandet und hat überdauert.
Wenn das Ende da ist, dauert (allein) die Ma'at,
so daß ein Mann sagen kann: ›das ist die Habe meines Vaters.‹
[Ma'at, 92 f.]

*Maxime XIX:*

Wenn du willst, daß deine Führung vollkommen sei,
dann halte dich fern von allem Bösen
und sei gewappnet gegen ein Vorkommnis von Habgier.

Sie ist eine schwere, unheilbare Krankheit,
die man nicht behandeln kann.
Sie entfremdet Väter und Mütter
samt den Vollbrüdern,
sie vertreibt die Gattin.
Ein Erwählen ist sie von allem Schlechten
ein Behältnis ist sie von allem Verwerflichen.

Fortdauert (hingegen) der Mann, der der Ma'at entspricht
und der fortgeht (stirbt) entsprechend seinem Gang.
Er ist es, der dadurch ein Testament machen kann.
Aber der Habgierige hat kein Grab.
[Ma'at, 88]

Diese Texte sagen in aller Deutlichkeit, daß Habgier die
zwischenmenschlichen Beziehungen zerstört und daher
den extremen Gegenpol zum Gemeinsinn und zur Solidari-

tät darstellt. Daß auch die Habgier, genau wie die Torheit, als ein hoffnungsloser Fall gilt – Habgier als unheilbare Krankheit, Torheit als ein Lebendig-Totsein, an dem man »vorübergeht« –, zeigt, daß hier die äußersten Gegenbilder der Ma'at gemeint sind. Ptahhotep stellt dem Habgierigen ausdrücklich den Ma'at-Gemäßen gegenüber, aber nicht, wie es die Logik erfordern würde, als den Prototyp eines geselligen Daseins, der im Einklang mit seinen Mitmenschen lebt, sondern als den »Grabherrn«, der sein Vermögen seinen Kindern vererben und im Grabe fortdauern kann, während dem Habgierigen der Status eines »Grabherrn« versagt bleibt. In derselben Weise argumentiert auch die Maxime V, die umgekehrt vom Ma'at-Gemäßen handelt und ihm den Habgierigen als Gegentypus gegenüberstellt. Der Habgierige hat nicht nur keinen »schönen Tag«, und er hat sich nicht nur ausgeschlossen aus allen Bindungen der menschlichen Gesellschaft, sondern er hat auch kein Grab. Habgier bewirkt Zerstörung der Person, der Gemeinschaft und – wo nicht der Zeit, so doch der auf sie bezogenen Hoffnung auf Fortdauer. Nur derjenige, der sich in seiner Lebensführung an die Ma'at gehalten hat, »hat ein Grab«, das heißt einen unverlierbaren Platz im Gedächtnis der Nachwelt. Nur wer sein Vermögen nicht auf Kosten anderer erworben hat, kann es seinen Erben vermachen. Wer aber nach der Ma'at gelebt hat, den wird sie an der Hand nehmen und ins Totenreich geleiten:

Ma'at aber wird ewig sein,
sie steigt an der Hand dessen, der sie tat, ins Totenreich hinab.
Er wird begraben und vereint sich der Erde,
aber sein Name wird nicht ausgelöscht werden auf Erden,
sondern man gedenkt seiner wegen des Guten.
Das ist die Regel der Gottesworte.
[...}

Sage die Ma'at, tue die Ma'at,
denn sie ist groß und gewaltig;
sie ist beständig, ihre Macht ist bewährt,
sie allein geleitet zur Grabversorgtheit.
[Ma'at, 113]

In der früher zitierten letzten Klage des Oasenmannes ist
das enthalten, was in meinen Augen als die Quintessenz
des ägyptischen Ma'at-Begriffs zu gelten hat. Ma'at zeigt
sich darin als etwas völlig anderes als »Weltordnung«.
Vielmehr geht es um etwas, das man am besten mit dem
Begriff »Kultur« zusammenfaßt: um die Grundlagen
menschlichen Zusammenlebens. Die drei Aspekte der
Ma'at, Handlung, Kommunikation und Wille, sind kli-
maktisch angeordnet. Der Wille (ägyptisch: das Herz) ist
das Entscheidende: Ihn gilt es zu bändigen und zu soziali-
sieren, genau im Sinne jener Unterordnung des Eigenwil-
lens unter den Gemeinwillen, die S. Freud als das Grund-
prinzip der Kultur herausgearbeitet hat. Der ägyptische
Begriff der »Habgier« (*wn-jb*) meint nichts anderes als
diesen asozialen Eigenwillen, der nur auf Selbstdurch-
setzung und Selbstbehauptung gerichtet ist und den äußersten Gegensatz zur Ma'at, der Kultur des Füreinander-Handelns und Aufeinander-Hörens darstellt. Nach
ägyptischer Auffassung stehen diesem zentrifugalen und
destruktiven Prinzip zwei zentripetale, konstruktive Prinzipien gegenüber: Erinnerung (Eingedenksein des »Gestern«) und Zuhören/Verstehen. Beides sind Formen der
Selbsttranszendierung. Die Forderungen der Ma'at – oder
der Kultur – erweisen sich damit als Erziehung zum Miteinander, zur Gemeinsamkeit, zum Mitmenschen. Das
schlimmste Übel ist die Sünde gegen die Gemeinschaft,
die Selbstabschließung: durch Nichthandeln, Nichthören
und Egoismus.

## Das Totengericht

Das Spezifische, vielleicht auch das Lehrreiche der altägyptischen Gemeinschaftskunst liegt in der zentralen Bedeutung, die sie dem Tod und den Toten beimißt. Die Toten gehören in den Begriff von Gemeinschaft unabdingbar
hinein, wie er den Lehren der Gemeinschaftskunst zugrunde liegt, und das Ziel jeder Gemeinschaftskunst ist es, den
Menschen durch Einbindung in die Gemeinschaft vom
Tod zu erretten. Die Grundsätze, die es dem Einzelnen
ermöglichen, sich der Gemeinschaft einzugliedern, sind
dieselben wie die Bedingungen für seine Aufnahme ins
Totenreich und in die Gemeinschaft der Götter. Jeder Verstorbene muß sich nach seinem Tod einem Totengericht
stellen, das über seine Würdigkeit zur Unsterblichkeit ent-
scheidet. Die Beweislast liegt beim Toten: er muß seine
Unschuld beweisen, indem er eine Liste möglicher Verfehlungen aufzählt mit der Beteuerung, sie nicht begangen zu
haben. Dazu wird sein Herz auf einer Waage gewogen: mit
jeder Unwahrheit würde es schwerer werden. Jedem dieser
»Ich habe nicht«-Sätze liegt ein »Du sollst nicht« zugrunde, und die meisten dieser »Du sollst nicht«-Sätze beziehen
sich auf Verstöße gegen die Lehren der Gemeinschaftskunst.

DER TOTE *wendet sich zu Osiris, dem Vorsitzenden des Gerichts:*
Gruß dir, du Großer Gott,
Herr der beiden Wahrheiten!
Ich bin zu dir gekommen, mein Herr,
ich bin geholt worden, um deine Schönheit zu schauen.

Ich kenne dich und kenne deine Namen,
ich kenne die Namen dieser 42 Götter,
die mit dir sind in dieser Halle der beiden Wahrheiten,
die sich nähren von denen, die zum Bösen gehören,

die ihr Blut schlürfen,
an jenem Tag, an dem Rechenschaft abgelegt wird vor Osiris.
Ich bin zu dir gekommen, ich habe dir Ma'at gebracht,
und habe dir das Unrecht vertrieben.

[...]

Seht, ich bin zu euch gekommen
ohne ein Unrecht, ohne einen Frevel, ohne etwas Böses,
da ist kein Zeugnis gegen mich,
da ist keiner, gegen den ich mich vergangen hätte.
Denn ich lebe von der Wahrheit, ich ernähre mich von der
    Wahrheit.

Ich habe getan, was die Menschen sagen
und womit die Götter zufrieden sind.
Ich habe Gott zufriedengestellt mit dem, was er liebt.
Ich gab dem Hungrigen Brot,
Wasser dem Dürstenden,
Kleider dem Nackten,
eine Fähre dem Schifflosen.
Gottesopfer brachte ich den Göttern,
Totenopfer den Verklärten dar.

So rettet mich, so schützet mich,
macht keine Anzeige gegen mich beim Großen Gott.
Ich bin einer mit reinem Mund und reinen Händen.
[Totenbuch 25]

Später folgt dann die litaneiartige Unschuldserklärung vor
den 42 Richtern:

Ich habe kein Unrecht getan, nicht gestohlen, war nicht
habgierig, habe mir nichts angeeignet, keine Menschen
umgebracht, das Hohlmaß nicht verletzt, nichts Krummes
getan, kein Tempelgut gestohlen, nicht gelogen, keine
Nahrung gestohlen, kein Geschrei gemacht. Ich war nicht
aggressiv, habe kein Gottesvieh getötet, nicht gewuchert,
keine Rationen veruntreut, niemanden belauscht, nicht

unüberlegt geredet, nur um meinen eigenen Besitz gestritten, keine verheiratete Frau beschlafen, keine Unzucht getrieben, keinen Schrecken erregt, keinen Schaden angerichtet. Ich war nicht hitzig, nicht taub gegen Worte der Wahrheit, habe keinen Streit angezettelt, niemandem zugeblinzelt, keinen Knaben beschlafen. Ich war nicht vergeßlich, habe nicht gestritten, war nicht gewalttätig, nicht jähzornig, ich habe meine Natur nicht überschritten und Gott nicht gelästert. Ich habe nicht viele Worte gemacht, keine Untat begangen und nichts Böses getan. Ich habe den König nicht verflucht, bin nicht im Wasser gewatet, habe meine Stimme nicht erhoben und keinem Gott geflucht. Ich habe mich nicht aufgeblasen und über meinen Stand erhoben, ich habe nicht mehr bedurft, als was ich besaß, ich habe meinen Stadtgott nicht gelästert.

THOT *spricht zu den Richtern:*
Hört diese Rede und urteilt gerecht!
Ich habe das Herz des Toten geprüft,
wobei sein Ba als Zeuge gegen ihn aufstand.
Sein Fall ist als gerecht befunden auf der großen Waage.
Er hat die Opfer in den Tempeln nicht vermindert,
er hat das Geschaffene nicht beschädigt,
er hat nichts ausgeplaudert gegenüber Außenstehenden
solange er auf Erden weilte.

DIE GÖTTER:
Wahrhaft gerecht ist dieser Verstorbene!
Keine Sünde ist an ihm, keine Anklage liegt gegen ihn vor bei uns.
Der Fresserin soll keine Gewalt gegeben werden über ihn.
Laß ihm Speisen zuteil werden, die von Osiris kommen,
und ein Grundstück im Opfergefilde
wie den Gefolgsleuten des Horus.

## *Schlußbemerkung*

Das Besondere der ägyptischen Gemeinschaftskunst ist, daß sie von der Todesschwelle her entwickelt ist. Die ägyptische Ethik, die gleichbedeutend ist mit »Gemeinschaftskunst«, beruht nicht auf dem Glauben an den Einen Gott, vor dem sich der Mensch für sein Tun zu verantworten hat, dem Prinzip also, mit dem nach christlich-abendländischer Ansicht jede Moral steht und fällt, sondern auf dem Wissen um die Endlichkeit des menschlichen Lebens und dem Glauben an verschiedene Formen der Fortdauer nach dem Tode, ja, der Unsterblichkeit. Weil der Mensch sterben muß und zugleich aber gar nicht anders kann, als über seinen Tod hinauszudenken, unterwirft er sich den Regeln der Gemeinschaftskunst. Ma'at ist, wie wir gesehen haben, sowohl das Prinzip, das die Menschen zur Gemeinschaft verbindet, als auch das Prinzip, das dem menschlichen Leben Bestand verleiht über den Tod hinaus, und beides gehört im ägyptischen Denken untrennbar zusammen.

Nach ägyptischer Überzeugung hängt jede Form eines Weiterlebens nach dem Tode von der Gemeinschaft ab: Das Weiterleben in seinen Werken bzw. des Namens hängt ab von einem sozialen und zugleich kulturellen Gedächtnis. Nur der hat Anspruch darauf, von der Nachwelt erinnert zu werden, wer ein gutes Leben geführt, d. h., nach den Regeln der Gemeinschaftskunst gelebt hat. Das monumentale Grab, das den Namen des Grabherrn und seine Taten verewigt, nützt nichts ohne ein gutes Leben, denn es setzt das Andenken auch der Zerstörung aus. Mit Symbolik allein, mit Stein, Bild und Schrift, läßt es sich nicht erzwingen. Diese Währung muß gedeckt sein, um zu währen.

Das Weiterleben in seinen Kindern hängt davon ab, daß man ihnen ein Vermögen hinterlassen kann, von dem der Totenkult bestritten werden kann. Zu Unrecht erworbenes Gut, das ist eine feste ägyptische Überzeugung, läßt sich nicht vererben. Spätestens beim Tod des Besitzers kommt das Unrecht ans Licht, wenn die Dokumente im Vezirsamt beglaubigt werden müssen. Das Weiterleben im Jenseits hängt davon ab, ob einer die Prüfung im Totengericht besteht – und das wiederum davon, ob man in seiner Lebensführung den Gesetzen der Ma'at nachgeeifert hat.

## Literaturhinweise und Quellen

*Vom Autor:* Ma'at. Gerechtigkeit und Unsterblichkeit im Alten Ägypten, München 1990. – Herrschaft und Heil. Politische Theologie in Altägypten, Israel und Europa, München 2000. – Tod und Jenseits im Alten Ägypten. München 2001.
*Textausgaben:* Hellmut Brunner, Altägyptische Weisheit, Zürich 1988. – Erik Hornung, Das Totenbuch der Ägypter, Zürich 1979. – Erik Hornung, Altägyptische Dichtung, Stuttgart 1996.

Helwig Schmidt-Glintzer

# Konfuzius – Gemeinschaftskunst im alten China

## Konfuzius und seine Lehren

Die konfuzianische Lehre entsteht vor dem Hintergrund einer Gesellschaft und ihres Selbstverständnisses, die sich aus dem Zustand unreflektierter Naturwüchsigkeit bereits gelöst hat. Ihr Namensgeber, der historische Lehrer und kurzfristige Praktiker der Regierungskunst und Gemeinschaftsethik, legte den Grundstein für ein System, ein Lehrgebäude von Verhaltens- und Haltungscodizes, das, obwohl es sich in wesentlichen Punkten von den ursprünglichen Intentionen entfernt hat – oder aus herrschaftstechnischen Gründen bewußt entfernt wurde –, den Diskurs über Staat und Ethik weit über China hinaus bis heute bestimmt.

Konfuzius lebte von etwa 551 bis 479 v. Chr., d. h. in jener Epoche, die von Karl Jaspers als »Achsenzeit« gekennzeichnet worden ist: eine Epoche, in der zeitgleich und unabhängig voneinander (Laotse und Konfuzius, Buddha und die Upanishaden, Zarathustra, die Propheten in Israel, Homer und die griechische Philosophie) der Mensch »sich des Seins im Ganzen, seiner selbst und seiner Grenzen bewußt wird«. Er selbst gehörte aller Wahrscheinlichkeit nach zu der in jener Zeit zahlenmäßig großen Gruppe verarmter Angehöriger des chinesischen niederen Adels. Über seine tatsächliche Herkunft wie auch über sein Leben wissen wir kaum Zuverlässiges. Auch wenn er als Lehrer keine Einzelerscheinung war und sich mehrere andere Schulen gegen ihn wandten, bildet seine Lehren doch die »Grundfärbung« des chinesischen Selbstverständnisses. Das *Lun Yü*, die »Gespräche des Konfuzius«, jenes Werk, aus dem hier fast ausschließlich zitiert wird, ist nicht das einzige, aber das bekannteste unter den klassischen Werken Chinas. Von ihm sagte der Historiker Ban Gu (32-92 n. Chr.):

»Das *Lunyu* enthält die Antworten des Meisters Kong an seine Schüler und Zeitgenossen sowie Erörterungen der Schüler untereinander und Worte des Meisters. Die Schüler hatten ihre eigenen Aufzeichnungen, die sie nach dem Tode des Meisters zu einem Werk zusammenführten, das sie *Lunyu* nannten.« Heute wissen wir, daß die Entstehungsgeschichte des Werkes komplizierter ist, daß über längere Zeit mehrere Fassungen nebeneinander existierten und erst im ersten vorchristlichen Jahrhundert derjenige Text zustande kam, der die Grundlage aller späteren Ausgaben wurde.

Im Mittelpunkt der Lehren des Konfuzius stehen die Begriffe *ren* (»Menschlichkeit« oder »Menschenliebe«) und *yi* (»Rechtlichkeit«) und das Ideal des moralisch Überlegenen, des »guten Menschen« *junzi*. In letzterem Begriff, der ursprünglich soviel wie »Fürstensohn« bedeutete und nun die Bedeutung »Edler« oder »Herrlicher« annimmt, spiegelt sich das Bemühen, einem aristokratischen Ideal auch über den Zerfall blutsmäßiger Bindungen hinaus Gültigkeit zu sichern. Dieser »Edle« gewinnt seine innere Stärke durch die »Liebe zum Alten« und die Bewahrung der alten Kulte und der Schriften. Indem die Sitten und Vorschriften der Alten zum verbindlichen Maßstab erklärt werden, wird die Tradition selbst zur Sittlichkeit. Also auch hier Liebe zu den Menschen, den Nächsten, und Orientierung am Schrifttum und der darin niedergelegten Überlieferung.

Neben Regeln zur Selbstbildung entwirft Konfuzius eine Regierungslehre, die vor allem auf Geradheit, Ehrlichkeit und auf Vertrauen (*xin*) setzt. Dies kommt in der Betonung der »Richtigstellung der Namen« (*zhengming*) zum Ausdruck. Die Kerntugenden Menschlichkeit, Rechtlichkeit und Vertrauen verschränken sich zu einem Programm, das Gemeinschaft begründet und der komplexeren Ma'at des alten Ägypten verwandt ist. Erstaunlich ist, daß dem ägyptischen Verbum *ma'a* (lenken) das chinesische *zhi* mit der Bedeutung »kanalisieren«, »regulieren«, »in Ordnung bringen« entspricht. Der Begriff für »herrschen« und »verwalten« (*zheng*) betont dagegen den Aspekt der »Aufrechterhaltung von Ordnung«. Die von Konfuzius gelehrte Sittlichkeit orientiert sich am Ideal des wohlgeordneten Staates oder zumindest doch der Gemeinde. Sie verpflichtet den Einzelnen dazu, sein eigenes Leben auf den rechten Weg zu bringen und so dazu beizutragen, daß »unter dem Himmel der Weg vorhanden sei« (*Lun Yü* XVI.2). Seine Vorstellungen von einer besseren Ordnung in der Welt vermittelte Konfuzius seinen Schülern im Gespräch. Dabei stand neben literarischer Bildung im weitesten Sinne die Unterweisung in politischer Moral und die Ermahnung zur persönlichen Integrität im Vordergrund. Aufgrund dieser Schulung empfahlen sich seine Schüler für politische Ämter im Staatsdienst.

Viele Aussagen des Konfuzius beziehen sich auf einzelne Aspekte der Persönlichkeitsbildung und des Handelns. Dabei darf niemals die Vielschichtigkeit und der Facettenreichtum des Urteilens aus dem Auge verloren werden. Stets sind es mehrere Aussagen, die zusammen bzw. nebeneinander Gültigkeit beanspruchen können, ebenso wie auch mehrere Tugenden sich ergänzen. Eine große Vielfalt an Spruchweisheiten hat sich so herausgebildet, die in

Schüler- und Enkelschülerkreisen späterer Generationen
weiterentwickelt wurden. So lesen wir in den Ausführun-
gen des Xunzi (ca. 300-230 v. Chr., in der Übersetzung
Günther Debons):

Darum:
Ist ohne Sitten der Mensch, kann er nicht leben;
Ist ohne Sitten die Tat, gibt's kein Gelingen;
Ist ohne Sitten das Herrscherhaus, hat's keinen Frieden.

Oder über den Herrscher:

Darum:
Die nah, freun sich an ihm mit preisenden Gesängen;
Die fern, sie hasten ihm zu, sie stolpern und stürzen beim Drän-
   gen.
Gleich *einer* Familie wird alles inmitten der Vier Meere;
Kein Mensch, wo es auch sei, der ihm nicht gibt die Ehre.
[...]
Darum:
Nur wer die Riten pflegt, wird König sein;
Wer straff regiert, der wird in Stärke stehn;
Wer sich des Volkes annimmt, ist in Frieden;
Doch wer die Steuern rafft, wird untergehn.

Die von Schülern späterer Generationen aufgezeichneten
Gespräche und Lehrparabeln werden im folgenden in einzelne Bausteine des konfuzianischen Lehrgebäudes zer-
legt, geordnet und im Zusammenhang erläutert. Dabei
muß stets gegenwärtig bleiben, daß sich an diese Texte
nicht nur eine Vielzahl anderer konfuzianischer Texte an-
gelagert hat, sondern daß auch andere hier nicht erwähnte
Vorstellungen über die Menschen- und Götterwelten sowie Geschichten über Menschheitsereignisse und Wege
aus der Mühsal des Daseins stets mitgedacht und zugleich
bewußt am Rande gehalten worden sind. Die Geschichten

von Göttern und Geistern waren einstmals farbiger und kräftiger, ehe sie im Zuge der Konfuzianisierung der chinesischen Gesellschaft verblaßten zugunsten des nun dominierenden Anspruchs, daß Ordnung immer wieder herzustellen sei: So wie im Altägyptischen *Isfet* das Gegenteil zu *Ma'at* war, so hier die Unordnung (*luan*) das Schreckbild – insbesondere mit Hilfe des überlieferten Schrifttums und seiner Auslegung galt es, Unordnung zu vermeiden und gegebenenfalls Ordnung wiederherzustellen.

## Vertikale Solidarität

### Notwendigkeit der Einmischung in öffentliche Angelegenheiten

Aus der Einsicht, daß die Welt nicht in Ordnung ist, folgt die Notwendigkeit der Einmischung. Als oberstes Gebot gilt, sich der Gesellschaft zuzugesellen, um an der Aufrechterhaltung der Ordnung zu arbeiten.

»Mit den Vögeln und Tieren des Feldes kann man (doch) nicht zusammen hausen; wenn ich nicht mit diesem Geschlecht von Menschen zusammensein will, mit wem soll ich (dann) zusammensein? Wenn der Erdkreis in Ordnung wäre, so wäre ich nicht nötig, ihn zu ändern.« (XVIII.6)

Diese Worte des Meisters greift der Schüler Zilu auf, indem er sagt:

»Sich von jedem Amt fernhalten ist wider die Pflicht. Die Schranken zwischen Alt und Jung darf man nicht verfallen lassen; nun erst die Pflichten zwischen Fürst und Diener: wie kann man die verfallen lassen? Wer (nur darauf) bedacht ist, sein eigenes Leben rein zu halten, der bringt die großen menschlichen Beziehungen in Unordnung. Damit, daß der Edle ein Amt übernimmt, tut er seine Pflicht. Daß die Wahrheit (heutzutage) nicht durchdringt: das weiß er wohl.« (XVIII.7) Dabei darf man sich nicht mit den Widrigkeiten der Welt gemein machen: »Der Edle ist friedfertig, aber macht sich nicht gemein. Der Unedle macht sich gemein, aber ist nicht friedfertig.« (XIII.23)

Gleichwohl gibt es den Fall berechtigten Rückzugs, den Konfuzius selbst praktizierte (vgl. XVIII.4) und der unter das Stichwort der »Verweigerung« fällt. Verweigerung ist eine Alternative zum öffentlichen Amt, indem man sich »vor der Welt verbirgt« oder unter das Volk zurückzieht. (XVIII.8) Im äußersten Fall ist Rückzug eine Möglichkeit, die eigene Integrität zu bewahren (XIV.39): »Die Würdigsten ziehen sich von der Welt zurück.« Dafür gibt es rühmend erwähnte historische Beispiele.

Verweigerung und Mißachtung leeren Ruhms gehen aber durchaus zusammen mit dem Wunsch, die Welt nicht ohne Leistung zu verlassen: »Der Edle haßt (den Gedanken), die Welt zu verlassen, ohne daß sein Name genannt wird.« (XV.19) Der Rückzugsgedanke impliziert das Eingeständnis, auch mit Widersprüchen leben zu wollen. So ist der Satz zu verstehen: »Nach außen dem Fürsten und Vorgesetzten dienen, nach innen dem Vater und älteren Bruder dienen, bei Trauerfällen gewissenhaft alle Gerechtigkeit erfüllen, [bei Festen] sich vom Wein nicht überkommen lassen: was kann ich dazu tun?« (IX.15) Zugleich gilt für Rückzug und kritische Distanz das pragmatische Prinzip der Angemessenheit. Wie weit man da gehen soll, ist prinzipiell unentscheidbar und nur für den Einzelfall zu beantworten. Angesprochen aber wird die mögliche Konsequenz bestimmten Verhaltens, wenn es etwa heißt: »Im

Dienst des Fürsten bringen lästige Vorwürfe Ungnade.
Zwischen Fremden führen lästige Vorwürfe zu Entfrem-
dung.« (IV.26) Andererseits ist Kritik und Belehrung Ausdruck echter Fürsorge, und man belehrt seinen Fürsten,
wie man sich um einen sorgt, den man liebt (vgl. XIV.8).

### Auswahl der Staatsdiener

Die Qualität des Regierens hängt entscheidend ab von einer guten Personalpolitik. Konfuzius besteht darauf, der
Fürst solle seinen Beamten Handlungsspielräume lassen,
in Grundsatzfragen aber streng sein. Daher empfahl er,
Leute von Charakter und Talent auszuwählen. Wenn
man diejenigen, die man als solche kenne, einstelle, habe
man die Gewähr, daß man durch deren Rat auch weitere
Talentierte gewinne. (XIII.2) Charakterstärke und Selbst-
bewußtsein der Staatsdiener, die ihren Fürsten auch zu
kritisieren wagen, ist also eine Grundforderung des Konfuzius.

### Reziprozität

Wenn es um Hierarchien geht, geht es immer auch um
Reziprozität, um Austausch, um das »do-ut-des«. Dies gilt
noch über den Tod hinaus, wenn etwa die Trauerzeiten des
Kindes für die Eltern mit deren Fürsorge begründet werden. (XVII.21) Der Gedanke der Ehrfurcht gegenüber den
Eltern wird zugleich als Grundlage für ein gutes Gemeinwesen gedacht. Pietät und Gehorsam werden als »Wurzeln
des Menschentums« und damit als Grundlage jeder staat-
lichen Ordnung verstanden. (I.2) Darin eingeschlossen
sind Aspekte der Fürsorge, wenn es heißt: »Die Jahre der
Eltern darf man nie vergessen: erstens, um sich darüber zu

freuen, zweitens, um sich darüber zu sorgen.« (IV.21) Man
darf den Eltern in angemessener Weise auch Vorhaltungen
machen, ja man ist in bestimmten Situationen dazu verpflichtet. (IV.18)

Als Prinzip der Pietät steht im Vordergrund, die Regeln
nicht zu übertreten (*wuwei*), was der Meister so erläutert:
»Sind die Eltern am Leben, ihnen dienen, wie es sich ziemt,
nach ihrem Tod sie beerdigen, wie es sich ziemt, und ihnen
opfern, wie es sich ziemt.« (II.5) Denn wichtiger noch als
die Fürsorge ist die Ehrerbietung als die Grundlage jeder
Pietät. (II.7) Befestigt werden diese Wertvorstellungen dadurch, daß sie alle Generationen einschließen und damit
jeden, entsprechend seinem Lebensalter, betreffen. Dabei
ist durchaus die Zukunft mit einbegriffen: »Vor dem spä-
tergeborenen Geschlecht muß man heilige Scheu haben.
Wer weiß, ob die Zukunft es nicht der Gegenwart gleich-
tun wird?« (IX.22) Überall gilt das Prinzip der Wechselsei-
tigkeit, wonach die Kinder der Vergangenheit, den Eltern
und den Vorvätern, Anerkennung zollen – ein Prinzip, das
für den Einzelnen ebenso wie für ganze Gemeinschaften
und für Staaten gilt.

### Pietät und Fürstendienst

Aus dem Gebot zur Pietät folgt die Wohlverhaltensforde-
rung: man soll seinen Eltern keinen Kummer bereiten, wozu gehört, daß man sich selbst unversehrt erhält. Unver-
schuldete Krankheit indes wird nicht als Verstoß gegen das
Pietätsgebot erachtet, da Krankheit als höhere Gewalt an-
gesehen wird. (II.6) Überhaupt sind Gebote in der Regel
nicht absolut, sondern durch ihren »Sitz im Leben« immer
auch relativiert. Insbesondere gilt dies für das richtige Verhalten gegenüber dem Fürsten, dem gegenüber Aufrichtig-

keit gefordert wird, was auch Widerspruch oder gelegentlich gar Widerstand erforderlich macht (vgl. XIV.23). Für Loyalitätskonflikte gibt es nicht immer eine Lösung; gelegentlich führen sie den Einzelnen in ausweglose Situationen. Konfuzius gab dabei immer der Familie Priorität und plädierte dafür, daß man gegen enge Angehörige keine belastende Aussage machen müsse. Es handelt sich um eine Art »Zeugnisverweigerungsrecht«, wenn Konfuzius einem Fürsten, der sich der absoluten Ehrlichkeit der Menschen in seinem Lande rühmte, entgegnete: »Der Vater deckt den Sohn und der Sohn deckt den Vater. Darin liegt auch Ehrlichkeit.« (XIII.18)

## Freundschaft

Unter allen Beziehungen von Menschen untereinander ist die Freundschaft die engste, die jenseits blutsmäßiger Beziehungen existiert. Trotzdem ist sie der geschwisterlichen Beziehung verwandt. Brüder und Schwestern sind nicht gleich, sondern älter oder jünger, und dennoch formuliert die Überlieferung ein konfuzianisches Brüderlichkeitsprinzip, wonach »innerhalb der vier Meere alle [...] Brüder« seien (XII.5). Der Sinn von Freundschaft besteht zunächst in der wechselseitigen Unterstützung. Von Freunden nimmt man wie selbstverständlich Abschied, der Freund wird begraben, wenn er ohne Angehörige ist. Für den Freund soll man, wenn keine Angehörigen vorhanden sind, eintreten. Aber das Wesen der Freundschaft ist unbedingte Aufrichtigkeit (XII.23) und dient letztlich zur Selbsterziehung. Freundschaft soll fördern (XII.24) und daher muß man sich die richtigen Freunde wählen: »Es gibt dreierlei Freunde, die von Nutzen sind, und dreierlei Freunde, die vom Übel sind. Freundschaft mit Aufrichtigen, Freundschaft mit Beständigen, Freundschaft mit Erfahrenen ist von Nutzen. Freundschaft mit Speichelleckern, Freundschaft mit Duckmäusern, Freundschaft mit Schwätzern ist vom Übel.« (XVI.4)

Die Freude an der Freundschaft zählt zu einer der drei nützlichen Freuden: »Es gibt dreierlei Freuden, die von Nutzen sind, und dreierlei Freuden, die vom Übel sind: Freude an der Selbstbeherrschung durch Kultur und Kunst, Freude am Reden über andrer Tüchtigkeit, Freude an vielen würdigen Freunden: das ist von Nutzen. Freude an Luxus, Freude am Umherstreichen, Freude an Schwelgerei: das ist vom Übel.« (XVI.3)

Ganz allgemein steht die Persönlichkeitsbildung im Vordergrund aller Erziehungs- und Selbstbildungsideale: »Wer die Würdigen würdigt, so daß er sein Betragen ändert, wer Vater und Mutter dient, so daß er dabei seine ganze Kraft aufbietet, wer dem Fürsten dient, so daß er seine Person drangibt, wer im Verkehr mit Freunden so redet, daß er zu seinem Worte steht: Wenn es von einem solchen heißt, er habe noch keine Bildung, so glaube ich doch fest, daß er Bildung hat.« (I.7)

Dabei kommt es darauf an, auf wessen Urteil man hört. Es ist nicht die Frage, ob man geliebt oder gehaßt wird, sondern es kommt darauf an, daß »einen die Guten unter den Landsleuten lieben und die Nichtguten hassen«. (XIII.24) Eine Theorie der Feindschaft hat Konfuzius jedoch nicht formuliert.

Brüderlichkeit und wechselseitige Anerkennung, wie sie sich in der Freundschaftsbeziehung realisieren, sind aufs engste verknüpft mit dem Reziprozitätsgedanken, den Konfuzius gerade auch unter dem Aspekt der Ebenbürtigkeit, der *Goldenen Regel* vergleichbar, so formulierte: »Was du selbst nicht wünschest, das tue nicht den Menschen an.« (XII.2) Oder an anderer Stelle, wo Konfuzius die Bedeutung der Nächstenliebe betont: »Was du selbst nicht wünschest, tu nicht an anderen.« (XV.23) Oder, in den Worten eines Konfuziusschülers: »Was ich nicht mag, daß die Leute mir zufügen, das mag ich auch ihnen nicht zufügen.« (V.11)

### Vertrauen (*xin*) gewinnen und Unparteilichkeit

Unabhängig von der Stellung zueinander, sei es hierarchisch oder egalitär, kommt dem Vertrauen eine zentrale Bedeutung zu, weswegen selbst hierarchische Beziehungen einen egalitären Zug erhalten, weil Täuschung nicht gestattet ist: »Der Edle erwirbt sich das Vertrauen, dann erst bemüht er seine Untertanen. [...]« (XVIII.10) Freilich ist die Wahrnehmung des Edlen von dem Abstand und von der Beziehung zu ihm abhängig: »Aus der Ferne gesehen (erscheint er) streng. Naht man ihm, so ist er milde. Hört man seine Worte, so ist er unbeugsam.« (XVIII.9)

Der Meister sprach:
»Der Edle hat für nichts auf der Welt eine unbedingte Voreingenommenheit oder eine unbedingte Abneigung. Das Rechte allein ist es, auf dessen Seite er steht.« (IV.10)

Unberührt davon bleibt, daß es eine Tradition von ›Listenlehren‹ gab und durchaus das Wissen von der gelegentlichen Notwendigkeit der Täuschung im Interesse höherer Ziele – doch durfte dies niemals die Vertrauensbasis innerhalb der Gemeinschaft in Frage stellen.

## Harmonie und (politische) Kosmologie

Das Handeln in der Welt muß sich am Prinzip der Angemessenheit orientieren. Dies gilt insbesondere für den
Herrscher und seine Bemühungen um die Wohlfahrt des
Volkes, aber auch für die Art und Weise, wie er seine Position sichert und seine Macht durchsetzt. Denn von der
angemessenen Regierung hängt die Ordnung des Reiches
ab, aber auch davon, daß ein staatliches Zentrum den Ausgleich der unterschiedlichen Geltungsansprüche garan-
tiert. »Wenn der Erdkreis in Ordnung ist, so gehen Riten,
Musik und Bestrafungen vom Himmelssohn aus. Ist der
Erdkreis nicht in Ordnung, so geht dies von den Lehnsfür-
sten aus.« (XVI.2)

Mit dem Himmelssohn (*tianzi*) wird eine Herrscherin-
stanz geschaffen, die davon abhängig ist, im Einklang mit
der kosmischen Ordnung zu sein. Diese begründet und
bestätigt das »Mandat des Himmels«. Daher wird der
Herrscher nicht durch Erbfolge allein bestimmt, sondern
der Thronfolger wird auserwählt, bestimmt, ernannt und
kann auch wieder abgesetzt werden. Einmal zum Himmelssohn ernannt, zum Kaiser Chinas, muß gleichwohl
die Legitimität immer wieder aufs neue bestätigt werden.
Neben der kosmischen Ordnung war auch das Wohlergehen des Landes ein Legitimitätsindikator, und entsprechend gab es eine Tradition, die zumeist mit dem in
der Tradition des Konfuzius lehrenden Meister Meng
(Mengzi) in Verbindung gebracht wird und der zufolge
dem Herrscher das »Mandat des Himmels« (*Tianming*)
aberkannt werden kann.

Eine durch einen Himmelssohn legitimierte und geordnete Regierung kann sicher sein, daß weitere Probleme
nicht auftreten. Konfuzius: »Ich habe gehört, wer ein

Reich oder ein Haus hat, braucht nicht besorgt zu sein, wenn es menschenleer ist, sondern er muß besorgt sein, wenn es nicht in Ordnung ist. Er braucht nicht besorgt zu sein, wenn es arm ist, sondern er muß besorgt sein, wenn es nicht in Ruhe ist. Denn wo Ordnung ist, da ist keine Armut, wo Eintracht ist, da ist keine Menschenleere, wo Ruhe ist, da ist kein Umsturz. Da nun dies so ist, so muß man, wenn die Menschen aus fernen Gegenden nicht gefügig sind, Kunst und Moral pflegen, um sie zum Kommen zu bewegen. Wenn man sie zum Kommen bewogen hat, so muß man ihnen Ruhe geben.« (XVI.1) Der denkbar einfachste Nenner, auf den gutes Regieren gebracht werden kann, lautet:»Wenn die Nahen erfreut werden und die Fernen herankommen.« (XIII.16)

Gutes Regieren aber beginnt mit der Selbstregierung der Regierenden:»Wer selbst recht ist, braucht nicht zu befehlen; und es geht. Wer selbst nicht recht ist, der mag befehlen; doch wird nicht gehorcht.« (XIII.6) »Wenn die Oberen die Ordnung hochhalten, so wird das Volk nie wagen, unehrerbietig zu sein. Wenn die Oberen die Gerechtigkeit hochhalten, so wird das Volk nie wagen, widerspenstig zu sein. Wenn die Oberen die Wahrhaftigkeit hochhalten, so wird das Volk nie wagen, unaufrichtig zu sein. Wenn es aber so steht, so werden die Leute aus allen vier Himmelsrichtungen mit ihren Kindern auf dem Rücken herbeikommen.« (XIII.6)

Nicht nur in diesem Punkt war der ›Konfuzius von Weimar‹ ganz der Meinung des chinesischen Staatslehrers: Für Goethe war »irgendeine Revolution nie Schuld des Volkes, sondern der Regierung«, die ihre dienende Sorgfaltspflicht verabsäumt. Nicht wenige von Goethes politischen Sinnsprüchen könnten von Konfuzius stammen: »Mit einem Herren steht es gut, der, was er befohlen, selber tut.« Oder:

»Welche Regierung die beste sei? Diejenige, die uns lehrt, uns selbst zu regieren.« Und: »Herrschen lernt sich leicht, Regieren schwer« – es ist letztlich eine ›Kunst‹, Gemeinschaftskunst. Sie wurde von dem legendären Kaiser Shun beherrscht: »Wer ohne etwas zu tun (das Reich in) Ordnung hielt, das war Shun. Denn wahrlich: was tat er? Er wachte ehrfürchtig über sich selbst und wandte ernst das Gesicht nach Süden, nichts weiter!« (XV.4)

### Richtigstellung der Begriffe (*zhengming*)

Wenn die Verhältnisse nicht in Ordnung sind, sind zumeist auch die Begriffe nicht in Ordnung. Daher kommt der Sprache eine zentrale Bedeutung zu.

»Wenn die Begriffe nicht richtig sind, so stimmen die Worte nicht; stimmen die Worte nicht, so kommen die Werke nicht zustande; kommen die Werke nicht zustande, so gedeiht Moral und Kunst nicht; gedeiht Moral und Kunst nicht, so treffen die Strafen nicht; treffen die Strafen nicht, so weiß das Volk nicht, wohin Hand und Fuß setzen. Darum sorge der Edle, daß er seine Begriffe unter allen Umständen zu Worte bringen kann und seine Worte unter allen Umständen zu Taten machen kann. Der Edle duldet nicht, daß in seinen Worten irgend etwas in Unordnung ist. Das ist es, worauf alles ankommt.« (XIII.3)

### Menschenliebe oder: Der Mensch im Mittelpunkt

Menschlichkeit ist nicht durch Gewalt zu erreichen, sondern durch die Auswahl der Richtigen und durch Belohnung der »Geraden« (XII.22) Dem dient das Gleichnis vom Wind und vom Gras. Auf die Frage eines Fürsten danach, ob man die Unbotmäßigen töten solle, antwortete

Konfuzius: »Wenn Eure Hoheit die Regierung ausübt, was bedarf es dazu des Tötens? Wenn Eure Hoheit das Gute wünscht, so wird das Volk gut. Das Wesen des Herrschers ist der Wind, das Wesen der Geringen ist das Gras. Das Gras, wenn der Wind darüber hinfährt, muß sich beugen.« (XII.19) Konfuzianische Ethik wird grundiert von einer pazifistischen Haltung: Nicht Kraft und Macht, sondern Geduld und Bescheidenheit gelten als Voraussetzung für gutes Gelingen. Eigenhändig sein Feld zu bestellen gilt als Voraussetzung für höchste Stellung. (XIV.6) Dazu gehört, die Lebensspanne auszuschreiten und nicht vorzeitig zu sterben. Heldentod war die Sache der Chinesen nicht. Dazu gehörte auch die erwähnte Devise, sich in Zeiten der Unordnung im verborgenen zu halten. »Aufrichtig und wahrhaft, bis zum Tode treu dem rechten Weg: ein gefährdetes Land nicht betreten, in einem aufständischen Land nicht bleiben: wenn auf Erden Ordnung herrscht, dann sichtbar werden, wenn Unordnung herrscht, verborgen sein. Wenn in einem Lande Ordnung herrscht, so ist Armut und Niedrigkeit eine Schande; wenn in einem Lande Unordnung herrscht, dann ist Reichtum und Ansehen eine Schande.« (VIII.13)

Aber wichtig ist immer die Form, die Angemessenheit des Verhaltens (X.3-16). Eine bestimmte Haltung erfordert auch ein entsprechendes Verhalten. »Ehrerbietung ohne Form wird Kriecherei, Vorsicht ohne Form wird Furchtsamkeit, Mut ohne Form wird Auflehnung, Aufrichtigkeit ohne Form wird Grobheit.« (VIII.2)

## Primärreligion/Kult

Über den vorbildlichen legendären Urkaiser Yu heißt es, er sei »fromm vor Gott« gewesen. Damit ist auch gemeint, daß er für sich sparsam, aber großzügig gegenüber den Göttern bzw. bei deren Verehrung war (vgl. VIII.21). Ins Allgemeine gewendet bedeutet dies, daß man sich in persönlichen Dingen bescheiden geben solle, während man bei der Durchführung von Arbeiten für die Allgemeinheit nicht sparen dürfe. Ansonsten aber sind die Geister fern und die Menschen ihnen vorzuziehen, ebenso wie man zuerst nach dem Wesen des Lebens fragen soll, ehe man nach dem Wesen des Todes fragt. (XI.11) – Geister- und alle Formen des Aberglaubens liegen dem Konfuzianismus fern. Dennoch verschließt er sich nicht völlig gegen eine metaphysische Welt: »Der Meister sprach niemals über Zauberkräfte und widernatürliche Dämonen«. (VII.20)

»Seiner Pflicht gegen die Menschen sich weihen, Dämonen und Götter ehren und ihnen fern bleiben, das mag man Weisheit nennen.« (VI.20)

Gott, von Konfuzius nur selten angesprochen, ist letztlich eine Metapher reiner Sittlichkeit: »Wer nicht den Willen Gottes kennt, der kann kein Edler sein. Wer die Formen der Sitte nicht kennt, der kann nicht gefestigt sein. Wer die Rede nicht kennt, der kann nicht die Menschen kennen.« (XX.3) Von »Gott« zu unterscheiden ist die religiöse Haltung und Lebensführung: »Der Wissende freut sich am Wasser, der Fromme (›Sittliche‹) freut sich am Gebirge. Der Wissende ist bewegt, der Fromme ist ruhig; der Wissende hat viele Freuden, der Fromme hat langes Leben.« (VI.21)

Besonders intensiv wurde der in sehr unterschiedlichen Weisen interpretierbare Satz des Konfuzius erörtert: »Irrlehren anzugreifen, das schadet nur.« (II.16) Diese Maxime ist eine der Säulen der Toleranz gegenüber Glaubenslehren und Kultpraktiken. Allerdings fand diese Toleranz ihr Grenze dort, wo die Vertreter des Staates das Gemeinwohl gefährdet sahen.

## Tugenden der Gemeinschaftskunst

### Pflicht oder Eigeninteresse

Pflichtbewußtsein in der Gemeinschaft ist ein konfuzianisches Axiom. Dabei wird der »Edle« als Vorbild dem »Gemeinen«, der nur seinen Gewinn und Vorteil im Sinn habe (IV.16), gegenübergestellt. »Wer bei seinen Handlungen immer auf Vorteil aus ist, zieht sich viel Groll zu.« (IV.12) Der Einsatz für das Gemeinwesen ist immer geboten, auch wenn man sich im einzelnen nicht durchsetzen kann und kein Gehör findet, und selbst wenn man sich Nachteile wie die Entlassung aus einem Amt einhandelt, womit man eigentlich stets rechnen muß: »Wenn ich auf gradem Weg den Menschen dienen will, wohin sollte ich gehen, ohne dreimal entlassen zu werden? Wollte ich aber auf krummen Wegen den Menschen dienen, warum sollte ich es nötig haben, das Land meiner Eltern zu verlassen?« (XVIII.2)

Welchen Rang man hat, bestimmt sich in erster Linie durch die Qualität des Handelns und nicht durch Geburt: »Wer in seinem persönlichen Benehmen Ehrgefühl hat und wer, entsandt in die vier Himmelsrichtungen, dem Auftrag seines Fürsten keine Schande macht, den kann man einen Gebildeten nennen.« (XIII.20) Dabei wird Wert gelegt auf die Unterscheidung zwischen äußerlichem

Ruhm oder Berühmtheit einerseits und Integrität und Pflichtbewußtsein andererseits. (XII.20) Eine gute Regierungspraxis zeichnet sich dadurch aus, daß man »unermüdlich dabei ist und gewissenhaft handelt« (XII.14). Doch auch hier gilt das Prinzip der Zurechnung: »Wer nicht das Amt dazu hat, der kümmere sich nicht um die Regierung.« (VIII.14)

## Besonnenheit

Der Satz »Der Edle ist ohne Trauer und ohne Furcht« wird so umschrieben: »Wenn einer sich innerlich prüft, und kein Übles da ist, was sollte er da traurig sein, was sollte er da fürchten?« (XII.4) »Der Edle ist ruhig und gelassen, der Gemeine ist immer in Sorgen und Aufregung.« (VII.36) Aus Gelassenheit folgt Überlegenheit und Zuversicht. Das Gegenteil wäre Unüberlegtheit und Tollkühnheit: »Wenn einer mit der bloßen Faust einem Tiger zu Leibe rückt, über den Fluß setzt ohne Boot und den Tod sucht ohne Besinnung: einen solchen würde ich nicht mit mir nehmen, sondern es müßte einer sein, der, wenn er eine Sache unternimmt, besorgt ist, der gerne überlegt und etwas zustande bringt.« (VII.10)

Als ein Beispiel für Besonnenheit gilt eine angemessene und gemäßigte Besteuerung, um das Volk nicht übermäßig zu belasten. Denn wenn es dem Volk wohlgeht, werden sich die notwendigen Mittel für die öffentlichen Ausgaben schon finden. (XII.9) Ebenso wie vor der Überlastung der Bevölkerung gewarnt wird, ist auch ein sparsamer und zurückhaltender Umgang mit den Schätzen der Natur geboten: »Der Meister fing Fische mit der Angel, aber nie mit dem Netz; er schoß Vögel, aber nie, wenn sie im Neste saßen.« (VII.26) Sparsamkeit und eine gemäßigte Bela-

stung der Menschen zeichnen eine gute Regierung aus
(I.5), aber auch Bedachtsamkeit und die Fähigkeit, abzu-
warten und nichts zu übereilen. Auf die Frage, ob man
einen kostbaren Nephrit, in dessen Besitz man sei, verbergen oder ob man einen guten Kaufmann suchen solle, um
ihn zu verkaufen, rät Konfuzius:»Verkaufe ihn ja! Aber ich
würde warten auf den Kaufmann.« (IX.12)

Sparsamkeit und Beschränkung in der eigenen Praxis
sind das Zeichen von Bescheidenheit. Dazu suchte Konfuzius anzuhalten. »Die durch Beschränkung verloren haben, sind selten.« (IV.23) Solche Beschränkung und Bescheidenheit hat auch etwas mit Lernbereitschaft zu tun:
»Ein Edler, der beim Essen nicht nach Sättigung fragt,
beim Wohnen nicht nach Bequemlichkeit fragt, eifrig im
Tun und vorsichtig im Reden, sich denen, die Grundsätze
haben, naht, um sich zu bessern: der kann ein das Lernen
Liebender genannt werden.« (I.14)

### Lernen als Lebensaufgabe

Das Lernen ist Kernstück konfuzianischer Ethik. Konfuzius
selbst betrachtete sich immer als Lernenden; er wollte sich
beschrieben wissen als »ein Mensch, der in seinem Eifer [um
die Wahrheit] das Essen vergißt und in seiner Freude [am
Erkennen] alle Trauer vergißt und nicht merkt, wie das
Alter herankommt.« (VII.18) Sein eigenes Lernen sah er
strukturiert durch seine Lebensphasen: »Ich war fünfzehn,
und mein Wille stand aufs Lernen, mit dreißig stand ich fest,
mit vierzig hatte ich keine Zweifel mehr, mit fünfzig war mir
das Gesetz des Himmels kund, mit sechzig war mein Ohr
aufgetan, mit siebzig konnte ich meines Herzens Wünschen
folgen, ohne das Maß zu übertreten.« (II.4)

Lernen ist eine dauernde Lebensaufgabe. Zixia, einem

seiner Schüler, wird der Satz zugeschrieben: »Der Beamte, der Zeit übrig hat, möge lernen. Der Lernende, der Zeit übrig hat, möge ein Amt antreten.« (XVIII.13) Dieser Satz erklärt auch die Kritik an der Berufung eines Mannes, der erst noch hätte lernen sollen und den man hinter seinen Büchern hätte lassen müssen. (XI.24) Ihm ging es um Vervollkommnung, um die Suche nach Wahrheit. »Der Edle lernt, um seine Wahrheit zu erreichen.« (XVIII.7) Das Lernen ist ein Schutz vor Erstarrung und Irrwegen; selbst die größten Tugenden können ins Verderben führen, wenn sie nicht mit der Liebe zum Lernen gepaart sind. (XVII.8) Die zentrale Bedeutung des Lernens, welches der Selbstbildung dient und nicht nach äußerer Anerkennung trachtet, formuliert schon der Anfang der »*Gespräche*«:

»Lernen und fortwährend üben: Ist das denn nicht auch befriedigend? Freunde haben, die aus fernen Gegenden kommen: Ist das nicht auch fröhlich? Wenn die Menschen einen nicht erkennen, dann nicht zu murren: Ist das nicht auch edel?« (I.1)

Einen geradezu gnostischen Zug finden wir in Sätzen wie diesen:

Der Edle trachtet nach der Wahrheit, er trachtet nicht nach Speise. Beim Pflügen kann man in Not kommen; beim Lernen kann man zu Brot kommen. Der Edle trauert um der Wahrheit willen, er trauert nicht um der Armut willen. (XV.31)

Dabei geht es aber nicht in erster Linie um die Erkenntnis der philosophischen Wahrheit, sondern um Lernen im Sinne des Sich-Abarbeitens an der Überlieferung (vgl. XV.30). Das Lernen befähigt zum richtigen Handeln: »Wer eine umfassende Kenntnis der Literatur besitzt und sich nach den Regeln der Moral richtet, der mag es wohl erreichen, Fehltritte zu vermeiden.« (XII.15) Es geht um eine Vorbereitung für die Praxis. Nicht Auswendiglernen, sondern die Erfassung der Prinzipien (XV.2), das ist Lernen:

»Wenn einer alle dreihundert Stücke des Liederbuches auswendig hersagen kann, und er versteht es nicht, mit der Regierung beauftragt, (seinen Posten) auszufüllen oder kann nicht selbständig antworten, wenn er als Gesandter ins Ausland geschickt wird: wozu ist (einem solchen Menschen) alle seine viele Gelehrsamkeit nütze?« (XIII.5)

»Lernen und nicht denken ist nichtig. Denken und nicht lernen ist gefährlich.« (II.15)

## Sprechen, Zuhören und Musik

So wie Lernen und Nachdenken aufeinander bezogen sind, so ist auch Reden und Handeln aufeinander bezogen.

»Im Reden gewissenhaft und wahr sein, im Handeln zuverlässig und sorgfältig sein, [...] damit wird man vorwärtskommen.« (XV.5)

Aber es gilt auch: »Der Edle schämt sich davor, daß seine Worte seine Taten übertreffen.« (XIV.29)

Ebenso wie durch eine Tat, so kann man sich durch ein Wort als Weiser oder als Tor erweisen: »Darum darf man in seinen Worten nicht unvorsichtig sein.« (XVIII.25)

Andererseits dürfen Menschen nicht allein nach ihren Worten beurteilt und ausgewählt werden (XV.22): »Früher stand ich so zu den Menschen: Wenn ich ihre Worte hörte, so glaubte ich an ihre Taten. Jetzt stehe ich so zu den Menschen: Ich höre ihre Worte, und dann sehe ich nach ihren Taten.« (V.9)

Das Handeln hat also nicht nur Vorrang vor dem Reden, sondern es ist vor allem glaubwürdiger: »Der Edle liebt es, langsam im Wort und rasch im Tun zu sein.« (IV.24)

Gleichwohl müssen wir uns vor einem leichtfertigen Umgang mit dem Wort hüten: »Auf der Straße hören und auf dem Wege reden ist die Preisgabe des Geistes.« (XVII.14)

Sprache kann auch täuschen: »Glatte Worte und einschmeichelnde Mienen sind selten vereint mit Sittlichkeit.« (XVII.17; s. a. I.3) »Geschickte Worte stören geistigen Wert.« (XV.26) »Wer Geist hat, hat sicher auch das (rechte) Wort, aber wer Worte hat, hat darum noch nicht notwendig Geist.« (XIV.5)

Unbedingtes Primat der Sprache ist Wahrhaftigkeit und Ehrlichkeit: »Wenn man sich durch seine Rede verständlich macht, so ist der Zweck erreicht.« (XV.40)

Zum Ernst der Rede gehört die Kunst des Zuhörens: »Vieles hören, das Gute davon auswählen und ihm folgen, vieles sehen und es sich merken: das ist wenigstens die zweite Stufe der Weisheit.« (VII.27)

## Vorbild und Gesetz

Die Persönlichkeitsbildung hat Verläßlichkeit und Respekt gegen andere zum Ziel. Dies kommt in dem Satz »Treue gegen sich selbst und Gütigkeit gegen andre« (III.18; s. a. IV.15) zum Ausdruck. Den Oberen obliegt es, durch ihr Vorbild die Menschen auf den rechten Pfad zu führen. Ein vorbildlicher Herrscher kann sogar mit dem Polarstern gleichgesetzt werden: »Wer kraft seines Wesens herrscht, gleicht dem Nordstern. Der verweilt an seinem Ort, und alle Sterne umkreisen ihn.« (II.1)

Etwas konkreter ist folgender Rat: »Sich (zum Volk) herablassen mit Würde: dadurch bekommt (das Volk) Ehrfurcht; kindliche Ehrfurcht und Menschenliebe (zeigen):

dadurch wird es treu. Die Guten erhöhen und die Unfähi-
gen belehren: so wird das Volk ermahnt.« (II.20) Danach
sollte sich die staatliche Personalpolitik richten. Man sollte die Geraden erheben, das heißt mit Ämtern betrauen.
(II.19) Strafen jedenfalls sind kein Mittel der Politik:
»Wenn man durch Erlasse leitet und durch Strafen ordnet,
so weicht das Volk aus und hat kein Gewissen. Wenn man
durch Kraft des Wesens leitet und durch Sitte ordnet, so
hat das Volk Gewissen und erreicht (das Gute).« (II.3)

Zur Weitergabe der Überlieferung, aber auch als Vorbild dienen Lehrer. Sie finden sich immer, doch soll man
ihnen nicht sklavisch, sondern mit angemessener Skepsis
folgen: »Wenn ich mit zwei anderen Menschen zusammen
bin, können sie mich immer etwas lehren. Ihre guten Seite
nehme ich mir zum Vorbild und die schlechten Seiten zur
Warnung.« (VII.21) Hinter dieser Überzeugung steht auch
der Gedanke, daß man immer Ebenbürtige finden wird:
»Innerer Wert bleibt nicht verlassen; er findet sicher Nach-
barschaft.« (IV.25) Man hat also nicht nur Vorbilder, sondern soll sie sich suchen:

»Wenn du einen Würdigen siehst, so denke darauf, ihm
gleich zu werden. Wenn du einen Unwürdigen siehst, so
prüfe dich selbst in deinem Innern.« (IV.17) Selbsterziehung ist möglich, ist Aufgabe eines jeden, der dem Ideal
des »Edlen« nachstrebt: »Wenn der Wille auf die Sittlichkeit gerichtet ist, so gibt es kein Böses.« (IV.4)

Voraussetzung für Lehrerschaft ist darum stets auch
eigenes Bemühen und ein bestimmtes Betragen. Der Meister sprach: »Ist der Edle nicht gesetzt, so scheut man ihn
nicht und sein Lernen ist nicht gründlich. Mache Treu
und Glauben zur Hauptsache. Habe keinen Freund, der
dir nicht gleich ist. Hast du Fehler, scheue dich nicht, sie
zu verbessern.« (I.8) Ganz allgemein gilt auch hier: »Wenn

die Oberen Kultur lieben, so ist das Volk leicht zu verwenden.« (XIV.44) Als natürliches Vorbild gilt der Vater, dessen Haltung Vorbild ist, das auch nach seinem Tod – zumindest für drei Jahre – weiterverfolgt werden soll. (I.11)

## Sich selbst regieren

Der Edle hütet sich vor dreierlei. In der Jugend, wenn die Lebenskräfte noch nicht gefestigt sind, hütet er sich vor der Sinnlichkeit. Wenn er das Mannesalter erreicht, wo die Lebenskräfte in voller Stärke sind, hütet er sich vor der Streitsucht. Wenn er das Greisenalter erreicht, wo die Lebenskräfte schwinden, hütet er sich vor dem Geiz. (XVI.7) Der Edle verhält sich also seinem Lebensalter gemäß. Das dem Lebensalter angemessene Verhalten wird auch durch Kritik formuliert, wie etwa bei dem Jugendlichen, der sich die Position eines Erwachsenen anmaßt und der daher auch keine Fortschritte machen kann: er kann keine Fortschritte machen, weil er es rasch zu etwas bringen will. (XIV.47)

Der Meister sprach: »Ein Jüngling soll nach innen kindesliebend, nach außen bruderliebend sein, pünktlich und wahr, seine Liebe überfließen lassen auf alle und eng verbunden mit den Sittlichen. Wenn er so wandelt und übrige Kraft hat, so mag er sie anwenden zur Erlernung der Künste.« (I.6) (Riten, Musik, Wagenlenken, Bogenschießen, Schreiben, Mathematik)

Sich selbst regieren ist unabdingbare Voraussetzung dafür, andere zu regieren: »Wer sich selbst regiert, was sollte der (für Schwierigkeiten) haben, bei der Regierung tätig zu sein? Wer sich selbst nicht regieren kann, was geht den das

Regieren von anderen an?« (XIII.13) Und: »Wer nicht das Amt dazu hat, der kümmere sich nicht um die Regierung.« (XIV.27)

Übrigens ist auch das wieder ganz im Sinne Goethes, für den die Selbstlosigkeit des Amtsträgers unbedingte Voraussetzung dafür war, ein politisches Amt anzustreben und zu übernehmen: »Wer andre wohl zu leiten strebt, muß fähig sein, viel zu entbehren«, heißt es im politischen Rechenschaftsgedicht »Ilmenau«, und im *Faust:* »Denn jeder, der sein inneres Selbst nicht zu regieren weiß, regierte gar zu gern des Nachbars Willen, eignem stolzen Sinn gemäß.« Und desillusioniert in seiner Rolle als Fürstenerzieher und -berater ohne eigene Entscheidungskompetenz stellt er am Ende seines ersten Weimarer Jahrzehnts fest: »Wer sich mit Administration abgibt, ohne regierender Herr zu sein, der muß entweder ein Philister oder ein Schelm oder ein Narr sein.« Aber das entbindet nicht von den selbstverständlichen Bürgerpflichten gesellschaftlicher Mitverantwortung für das Gemeinwesen und davon, daß »der Edle« immer an sich und den Tugenden der Selbstbeherrschung arbeiten muß. Konfuzius:

»Der Edle ist selbstbewußt, aber nicht streitsüchtig, umgänglich, aber macht sich nicht gemein.« (XV.21)

Selbstregierung bedeutet auch permanente Selbstkritik, lernen, nie mit sich und der erreichten Bildung zufrieden sein: »Der Edle leidet darunter, daß er keine Fähigkeiten hat, er leidet nicht darunter, daß die Menschen ihn nicht kennen.« (XV.18)

»Nicht das soll einen bekümmern, daß man kein Amt hat, sondern das muß einen bekümmern, daß man dafür tauglich werde. Nicht das soll einen bekümmern, daß man nicht bekannt ist, sondern danach muß man trachten, daß man würdig werde, bekannt zu werden.« (IV.14) »Der

Edle stellt Anforderungen an sich selbst, der Gemeine stellt Anforderungen an die (anderen) Menschen.« (XV.20)

Das Subjekt konfuzianischer Ethik ist immer der Einzelne, gleich welchen sozialen Ranges: »Einem Heer von drei Armeen kann man seinen Führer nehmen; dem geringsten Mann aus dem Volk kann man nicht seinen Willen nehmen.« (IX.25)

Um seinen Charakter geht es, um seine Bildung, um seine Bescheidenheit. Jeder kann ein Gebildeter sein: »Einer, der solide, gründlich und freundlich ist, den kann man einen Gebildeten nennen. Als Freund solide und gründlich, als Bruder freundlich.« (XIII.28)

Der Edle trägt den eigenen Maßstab in sich, ist aufrichtig und gerade und läßt sich nicht instrumentalisieren: »Der Edle ist kein Gerät.« (II.12)

## Unvollkommenheit

Konfuzius beklagt die Unvollkommenheit des Menschen: »Daß Anlagen nicht gepflegt werden, daß Gelerntes nicht besprochen wird, daß man seine Pflicht kennt und nicht davon angezogen wird, daß man Ungutes an sich hat und nicht imstande ist, es zu bessern: das sind Dinge, die mir Schmerz machen.« (VII.3)

Er legt aber Wert auf die »Perfektibilität«, die Lernfähigkeit; Fehler zu machen könne produktiv sein. »Einen Fehler machen und sich nicht bessern: das erst heißt fehlen.« (XV.29) »Ein Edler, der eine umfassende Kenntnis der Literatur besitzt und sich nach den Regeln der Moral richtet, mag es wohl erreichen, Fehltritte zu vermeiden.« (VI.25)

Geistesverwandt Bertolt Brecht (er plante ein Konfuzius-Drama, von dem nur eine Szene erhalten ist) auf die

Frage, an was Herr Keuner gerade arbeite: ›Ich bereite
meinen nächsten Irrtum vor.‹

Auch Regierungspersonal – auch der Mächtige, der
Herrscher – kann lernen, nur ist dieser Prozeß unvergleich-
lich mühsamer: »Wenn tüchtige Menschen hundert Jahre
ein Land leiten würden, so könnte man mit den Verbrechen fertig werden ohne Todesstrafe.« (XIII.11) Im Bild
von einem weisen König ist auch ein Element charismati-
scher Heilserwartung eingeschlossen, die in China immer
wieder aufgeflammt ist, die aber stets auch Gegenkräfte
hervorgerufen hat. »Wenn ein König käme, so wäre nach
einem Menschenalter die Sittlichkeit erreicht.« (XIII.12)

Der lernfähige, vorbildhafte, sittliche »Edle« ist keine
papierene Kunstfigur, sondern ein Mensch mit Gefühlen,
Leidenschaften und allen Emotionen – nur lenkt er sie in
bestimmte Richtungen, entzünden sie sich an bestimmten
Verhältnissen:

»Er hat Haß. Er haßt die, welche der Leute Übles ver-
breiten; er haßt die, welche in untergeordneter Stellung
weilen und die Oberen verleumden; er haßt die, welche
fest und waghalsig, aber beschränkt sind.« (XVII.24)
Und vor allem das Mitgefühl mit anderen, insbesondere
mit Trauernden (IX.9; VII.9) steht im Vordergrund – als
Ausdruck des Respekts vor dem Anderen. »Wenn der Meister jemand in Trauer sah, jemand im Hofgewand oder
einen Blinden: so stand er bei ihrem Anblick auf, auch
wenn sie jünger waren; mußte er an ihnen vorbei, so tat
er es mit raschen Schritten.« (IX.9; s. a. VII.9)

Sorge und Empathie um den Menschen sind es, die den
Edlen zum Edlen machen:

»Einst brannte sein Stall. Der Meister kam vom Hofe
zurück und fragte: ›Ist auch nicht etwa ein Mensch verletzt?‹
Er fragte nicht nach (dem Verlust an) Pferden.« (X.12)

## Chinesische Moderne und Gemeinschaftskunst

Die institutionalisierte Verehrung des Konfuzius hat ihre Wurzel darin, daß die Literatenklasse ihn zu ihrem Patron erhoben hatte. Die offizielle Anerkennung und die Sakralisierung hingen aber auch mit dem Umstand zusammen, daß andere Kulte und religiöse Kräfte nur dadurch überwunden werden konnten, daß sich die konfuzianische Lehre eines Kultes bediente. Indessen blieb es ein Merkmal des Konfuzianismus, daß er – im Gegensatz zu den späteren rivalisierenden Lehren des Taoismus und des Buddhismus – keine eigene Priesterschaft kannte.

Die Lehre (*jiao*) des Konfuzius war keine Religion, doch enthielten der nicht nur in der Hauptstadt, sondern in jeder Präfektur durchgeführte Staatskult mit der Verehrung des Himmels und der Ahnen und den Fürbitten für glückliches Geschick für die Regierung religiöse Elemente. Zunächst eine nüchterne und pragmatische Gesellschafts- und Regierungslehre, hatte der Konfuzianismus bereits früh religiöse Strömungen in sich aufgenommen, da nur auf diese Weise die immateriellen Bedürfnisse der Bevölkerung gestillt werden konnten.

Die konfuzianische Soziallehre betrachtete die Familie als den zentralen Ort des sozialen Geschehens. Die Familie war auch die wirtschaftliche und die politische Einheit, und überhaupt waren sämtliche Maximen sozialer Verpflichtung dem Beispiel der Familie als dem sozialen Paradigma schlechthin entnommen worden. So wurde die Pietät des Kindes gegenüber seinem Vater zur Loyalität des Untertanen zu seinem Fürsten. Diese starke Betonung der Familienbeziehungen hat es einerseits mit sich gebracht, daß staatliches Handeln, das sich auch dieser Moral verpflichtet sah, in hohem Maße durch Fürsorgebereitschaft gekennzeichnet war, hatte andererseits aber die Ausbildung eines rein funktionalen, den Einzelnen nur noch als Untertanen betrachtenden Staatsverständnisses verhindert.

Der Konfuzianismus ist keine einheitliche Lehre, sondern umfaßt inzwischen mehrere, oft fast gegensätzliche Lehren. Es macht allerdings seine Stärke aus, daß er unterschiedlichste geistige Strömungen in sich aufzunehmen fähig ist, sich von anderen Lehren anregen läßt und selbst reformerische und innovative Schulen integriert. Aus diesem synkretistischen Charakter resultiert die Schwierigkeit, ihn gegenüber anderen Lehren genau abzugrenzen.

Die konfuzianischen Lehren zur Gemeinschaftskunst haben immer wieder ihre Wirkung entfaltet: Im Prozeß der grundlegenden gesellschaftlichen Veränderungen und des schließlichen Zusammenbruchs der alten Adelsgesellschaft, bei der Durchsetzung bürokratischer Strukturen während der Song-Zeit (960-1269 n. Chr.) sowie im Zuge der wirtschaftlichen und sozialen Umwälzungen des 16. und 17. Jahrhunderts. Die Veränderungen der chinesischen Gesellschaft haben im 20. Jahrhundert dramatische Formen angenommen, und die kommunistische Bewegung und nicht zuletzt die Kulturrevolution und deren Überwindung haben die jahrtausendealte Gesellschaft Chinas bis fast zur Unkenntlichkeit verformt. Aber angesichts des von Chinas politischer Klasse forciert propagierten individuellen Glücksstrebens und der Betonung des persönlichen Erfolges als Leitmotiv könnte der konfuzianischen Lehre wieder eine neue Bedeutung zuwachsen. Zwar stützen empirische Untersuchungen der Wertorientierung weiter Teile der Bevölkerung die Annahme, China sei heute kaum mehr konfuzianisch, hatte doch bereits der Begründer der Chinawissenschaften in Deutschland, der Historiker und Diplomat Otto Franke, schon Anfang des 20. Jahrhunderts betont, daß China nicht immer konfuzianisch war und es darum auch in Zukunft nicht unbedingt bleiben werde – dennoch gibt es deutliche Anzeichen dafür, daß der sich formierende Widerstand gegen den rücksichtslosen ökonomischen Ausbeutungsegoismus in absehbarer Zukunft auf das historische Erbe der Lehren des Konfuzius als geistige Ressource zurückgreifen wird, so wie in anderen ›globalisierten‹ Ländern die Religion (Islam und Hinduismus) als Widerstandspotential wiederentdeckt wurde. Was den Konfuzianismus jedoch vor diesen auszeichnet, ist seine Nichtanfälligkeit für fundamentalistischen Fanatismus. Nicht nur deswegen, sondern auch weil er mit seinen Lehren zur Gemeinschaftskunst – dem Angebot von Maßstäben auf der Suche nach einem Ausgleich zwischen dem Glücksbedürfnis des Einzelnen und dem Wohl des Ganzen einer Gesellschaft – ein Erbe der Menschheit ist und auf ganz eigene Weise das allen Kulturen gemeinsame Bedürfnis nach Religiosität und Spiritualität befriedigt, kann seine vertiefte Kenntnis und der Dialog mit anderen Gemeinschaftslehren aktuell und fruchtbar werden.

## Literaturhinweise und Quellen

*Über Konfuzius:* Heiner Roetz, Konfuzius, München 1998. – Volker Zotz, Konfuzius, Reinbek b. Hamburg 2000.

*Textausgaben:* Kungfutse. Aus dem Chinesischen verdeutscht und erläutert von Richard Wilhelm, Jena 1910 (nach dieser Ausgabe wird hier zitiert). – Konfuzius. Aus dem Chinesischen übersetzt und herausgegeben von Ralf Moritz, Stuttgart 2003.

Ekkehart Krippendorff

# Goethes Bürgerethik

## Biographisches

Goethe als »Lehrer der Gemeinschaftskunst« erschließt sich dem neugierig Nachfragenden sowohl über die Biographie als auch über das dichterische Werk, über seine amtliche Tätigkeit und wie er sie ausübte ebenso wie über die zahllosen aufgezeichneten Gespräche. Die Entscheidung, die Freie Reichsstadt Frankfurt gegen das kleine Herzogtum Weimar einzutauschen, war nicht nur eine Entscheidung gegen eine bürgerliche Karriere als Schriftsteller (mit der Anwaltspraxis als Broterwerb) und für eine Regierungskarriere, es war auch eine Entscheidung dafür, das eigene Glück, die Entwicklung und Ausbildung der eigenen Fähigkeiten und Möglichkeiten in einer überschaubaren Gesellschaft – eben der weimarischen – als ›Gemeinschaftsprojekt‹ zu versuchen, sich als vergesellschaftetes Individuum zu erfahren und dazu auszubilden. Und es war, allen einschlägig bekannten Frustrationen, Konflikten und Irritationen zum Trotz – dramatisch die »Flucht« nach Italien nach den ersten zehn intensiven Ministerjahren –, ein Erfolg.

Es dürfte keinen zweiten großen Dichter und Schriftsteller geben, der im Rückblick auf sein Lebenswerk immer wieder betont hat, daß er dafür keinerlei »Originalität« beanspruche, vielmehr Biographie und Werk ein Kollektivprodukt von verarbeiteten Einflüssen, Anregungen, Mitteilungen anderer und deren Anteilnahme sei. Vom Moment seiner Ankunft in Weimar an hat Goethe

die kleine Hof- und Bürgergesellschaft geradezu galvani-
siert, sie zusammengebracht und zu einer Bildungsgemein-
schaft gemacht, die historisch kaum ihresgleichen hatte
und vielleicht auch bis heute nicht hat. Ob Schlittschuh-
laufen oder Lektüreabende, naturwissenschaftliche Vor-
träge oder Musik, das Interesse an Geologie oder das
Laientheater, Zeichenkurse oder Botanik: alle machten
das mit, was Goethe interessierte, weil er sie mit seinem
Entdeckungsenthusiasmus ansteckte. Die von ihm inspi-
rierte systematische Befriedigung von Neugier – selten ohne ökonomisch-praktische Zwecke wie in der Forstwirt-
schaft, dem Bergbau oder der Hebung des öffentlichen
Bildungsniveaus – wurde zum gesellschaftlichen Ferment,
stiftete Gesellschaft durch Transformation der bloßen
Geselligkeit. Der sechzehn Jahre ältere Christoph Martin
Wieland, als Fürstenerzieher des Knaben Karl August und
etablierter, weithin bekannter Dichter zunächst ein Kon-
kurrent des jungen Stürmers-und-Drängers, wurde unmit-
telbar nach der ersten Begegnung zu dessen glühendem
Verehrer und größtem Bewunderer – besonders in bezug
auf Goethes gesellschaftlich-politisches Engagement, für
das er selbst sich zu alt und im Praktischen wohl auch
für zuwenig begabt hielt: »Er ist nun Geheimer Legations-
rat und sitzt im Ministerio unsers Herzogs, ist Favorit-
Minister, Faktotum und trägt die Sünden der Welt. Er wird
viel Gutes schaffen, viel Böses hindern, und das muß,
wenn's möglich ist, uns dafür trösten, daß er als Dichter
wenigstens für viele Jahre für die Welt verloren ist. Denn
Goethe tut nichts halb. Da er nun einmal in diese neue
Laufbahn getreten ist, so wird er nicht ruhen, bis er am
Ziel ist; wird als Minister so groß sein, wie er als Autor
war.« (An Lavater, 22. Juni 1776) Als Goethe 1813 seine
große Gedenkrede auf den toten, brüderlichen Freund

hält, betont er nicht nur Wielands Zeugenschaft für eine Erneuerung des Polis-Griechentums unter dem Schutzschirm des Alten Reiches mit seinen pluralen politischen Strukturen und Verfassungen, sondern auch seine eigene geistige Verwandtschaft mit ebendieser Perspektive, in die er selbst seine Regierungstätigkeit gestellt hatte und die er nicht nur für Weimar als Alternative zum bürgerlich-nationalen Einheitsstaat sah, wie er aus dem nationalistischen Zeitgeist der sich ankündigen Befreiungskriege hervorgehen sollte. Darum ist es gerechtfertigt, aus einer politischen Schrift Wielands zu zitieren (*Das Geheimnis des Kosmopoliten-Ordens*, 1788) und diese Aussagen dem Geiste und Sinne nach auch als Auffassungen Goethes zu postulieren.

## Gemeinschaftskunst (Wieland/Goethe)

Es wird, so Wieland, Klage geführt, daß trotz der »schnellsten Fortschritte der Kultur in einzelnen Künsten und Wissenschaften« eine Kunst vernachlässigt und wegen des »oft sehr blödsichtigen Verstandes und des schwankenden Willens eines Einzigen oder der Wenigen, die sich seiner Autorität zu bemächtigen wissen«, nicht entwickelt worden und »verhältnismäßig am weitesten zurück geblieben ist«, und das ist ausgerechnet »die höchste Kunst aller Künste, die königliche Kunst, Völker durch Gesetzgebung und Staatsverwaltung in einen glücklichen Zustand zu setzen und darin zu erhalten« (das Leitmotiv unserer »Archäologie einer anderen Moderne«). Wieland entwirft in dieser Schrift die Leitlinien einer Art Freimaurerloge der Weltbürger, die kein Geheimbund im verschwörerischen Sinne, sondern »geheim« nur insoweit ist, als es sich um eine stille Gemeinschaft jener Minderheit handelt, die ihren Pflichten nachkommt, zu jeder Zeit und an jedem Ort, in jedem Beruf das Wohl der Welt, der Menschheit, im Auge zu haben – also global zu denken (und lokal zu handeln). Es ist der Entwurf einer Politik im höheren Sinne des Wortes, einer »Kultur der Vernunft«, mit der die Realpolitik überwunden werden soll und kann. Indem eine solche andere Politik – es ist die Rekonstruktion der ursprünglichen, der griechischen Politik als der ›Kunst, sich selber zu regieren‹ – die Herrschaftslogik aufhebt, »Machterwerb und Machterhalt« (Machiavelli) transzendiert, ist sie auch anders zu begründen bzw. ist auch ihr Selbstverständnis ein anderes: ihr Parameter ist die Natur. Goethe wird das später – nicht zuletzt vor dem Hintergrund seiner wissenschaftlichen und empathischen Naturkenntnisse – genauer und zugleich umständlicher darlegen. Hier, bei Wieland, wird (mit einem Schuß zeitbedingter Fortschrittserwartung) ausgegangen von dem »moralischen Axiom: Daß, vermöge einer unfehlbaren Veranstaltung der Natur, das menschliche Geschlecht sich dem Ideal menschlicher Vollkommenheit und daraus entspringender Glückseligkeit immer nähere, ohne es jemals zu erreichen«. So wie die Natur keine Sprünge macht – »non facit saltus« –, vielmehr alle ihre Entwicklungen, die Entstehung neuer, die Vervollkommnung bestehender, aber auch das Ab- und Aussterben alter Arten, so wie die Tier- und Pflanzenwelt organisch ineinandergreift, sich gegenseitig kompensiert und immer wieder ins Gleichgewicht setzt, so ist es auch der menschlichen Gesellschaft dienlich und förderlich, sich selbst nur evolutionär, nicht revolutionär zu verändern, langsam zu wachsen, sich zum Besseren auszubilden mit sanften, friedlichen Mitteln und Methoden. Es darf und muß daran erinnert werden, daß die griechische Entdeckung der Politik, daß die Erfindung der Demokratie auch darin bestand, alle Entscheidungen aufgrund von Argumenten, von Vernunftbegründungen, mittels ausführlicher Reden und Gegenreden auf der Agora zu treffen, wozu nicht zuletzt auch das Theater, d. h. die Präsentation der großen Mythologien und historischen Erzählungen als Übungen in der Schulung des Denkens und der Vernunft, eine große, man wird sogar sagen eine zentrale Rolle spielte für den Lernprozeß der Selbstregierung.

Die Erfindung der Politik war auch zugleich – was weitgehend in Vergessenheit geraten ist – eine Erfindung öffentlicher Zeit, eine Erfindung der Geduld und des langen Atems bei Entscheidungen über das Gemeinwohl: Rede und Gegenrede, Überzeugungsarbeit heißt auch zugleich Geduld für den komplizierten Prozeß der Gewinnung von Einsicht und Erkenntnis – darum »Zeit«, so wie auch die Natur ihre Zeit braucht zu Wachstum, Reife und Regeneration. Darüber hinaus – und damit in innerem Zusammenhange stehend – war eine der ersten großen Lektionen, die die Dichter dem Volke erteilten (Aischylos, Orestie), die der Überwindung von Haß und Rache zugunsten von Diskurs und Integration. Haß und Gewalttätigkeit sind unreflektierte Handlungen, Kurzschlußreaktionen, des nachdenkenden »zoon politikon« unangemessen und unwürdig. Vor dem Hintergrund der blutigen und kriegerischen Französischen Revolution, der dramatischen Epochenerfahrung, die die Verzerrungen und Verirrungen, um nicht zu sagen: die offensichtlich mögliche Pervertierung des großen Gedankens glückbringender Selbstregierung vorgeführt hatte, heißt bei Wieland das »Grundgesetz« des Kosmopolitenordens: »Daß in der moralischen Ordnung der Dinge (wie in der physischen) alle Bildung, alles Wachstum, alle Fortschritte zur Vollkommenheit, durch natürliche, sanfte und von Moment zu Moment unmerkliche Bewegung, Nahrung und Entwicklung veranstaltet und zustande gebracht werden muß.« Wielands »Antipolitik« hat den Grundsatz, »nichts Gutes durch gewaltsame oder hinterlistige, oder zweideutige, geschweige schändliche Mittel bewirken zu wollen« – ebensolches aber hatte Goethe an der durch die Revolution in Frankreich an die Macht gekommenen neuen politischen Klasse beobachtet und dieser (und ihren deutschen Nachahmern) den Fabel-Spiegel des »Reineke Fuchs« vorgehalten. Angesichts »erweislich ungerechter und unvernünftiger Gesetze, gegen eine unterdrückende Staatsverwaltung heilloser Minister und dergleichen [...] ist Widerstand sogar eine ihrer Ordenspflichten« – aber auf die Methoden kommt es an, denn es sind den »Kosmopoliten« »keine anderen Waffen als die Waffen der Vernunft erlaubt. Diese mögen sie mit soviel Witz, Beredsamkeit, Scharfsinn und Stärke, als sie nur immer in ihrer Gewalt haben, zum Besten der guten Sache gebrauchen.« Die von ihnen verfolgte »sanfte Politik« verspricht nicht die Herstellung paradiesischer Endlösungen auf Erden, sondern sie ist bei größter geistiger Unbescheidenheit zugleich pragmatisch bescheiden – wird doch ihr »Zweck« so definiert: »Die Summe der Übel, welche die Menschheit drücken, so viel von ihnen, *ohne selbst Unheil anzurichten,* möglich ist, zu vermindern, und die Summe des Guten in der Welt nach ihrem besten Vermögen zu vermehren.« Das alles hätte auch Goethe sagen und schreiben können – es ist der Geist des klassischen Weimars, der aus Wielands Worten spricht.

Die in Weimar angedachten und im Handeln zumindest einiger Protagonisten praktisch gewordenen Grundlegungen einer macht-losen, dienenden Politik – wegen der kleinen Dimensionen des Fürstentums konnten sie allerdings überwiegend nur symbolische Bedeutung erlangen und den »Möglichkeitssinn« bedienen (man denke etwa an die von Goethe durchgesetzte vollständige Abrüstung des Herzogtums) – bedurften einer ethischen, nicht lediglich pragmatischen Begründung: die Abschaffung des Militärs nur aus Kostengründen oder die Wiederbelebung des Bergbaus nur als staatliche Einnahmequelle. Die Gedankenkonstruktion eines Ordens erlaubte es vielmehr, die »andere Moderne« auch anders zu begründen, erhalten doch alle, die ihm angehören wollen, »ihre Vollmacht und Instruktion aus den Händen der Natur«, und zwar einer Natur, die nicht als Ressource, als Gegenstand von Ausbeutung und Herrschaft verstanden wird, sondern als Lebenswelt des Göttlichen, als kosmische Ordnung und moralischer Orientierungsparameter. »Wie verborgen und unzugangbar uns auch der höchste Regierer des Weltalls ist, so wissen wir doch genug von seiner Regierung, um unbeschränktes Vertrauen zu ihr zu fassen, und genug von seinen Gesetzen, d. i. von dem, was in der intellektuellen und moralischen Welt-Ordnung, Übereinstimmung und fortschreitende Vollkommenheit hervorbringt, um unsern Willen, und unsre Wirksamkeit, insofern sie von unserm Willen abhängt, denselben gleichförmig zu machen.« Wielands Ableitung, oder richtiger: Begründung gesellschaftlich-politischer Normativität aus dem Gesamtzusammenhang des Menschen mit der Natur als sinnlich wahrnehmbare Selbstdarstellung des Göttlichen wird Goethe später in der »Metamorphose der Tiere« auf einen dichterischen Begriff bringen. »Der Mensch«, so bemerkte er zu J. D. Falk am 25. Januar 1813, »ist das erste Gespräch, das die Natur mit Gott hält.« Damit werden die menschlichen Dinge – also auch die Art und Weise wie wir unsere gesellschaftlichen, unsere »politischen« Verhältnisse regeln – sowohl erhöht durch die Verantwortung, die uns als bewußten Wesen auferlegt ist, als auch redimensioniert durch den kosmologischen Kontext, in den sie eingebunden sind.

## Mensch im Kosmos

Was hier unter »Verantwortung« zu verstehen ist, kann nicht grundsätzlich und ernsthaft genug gefaßt werden. Nur einmal hat sich Goethe dazu vergleichsweise ausführlich und explizit in demselben Gespräch geäußert, das unter dem tiefen Eindruck von Tod und Begräbnis Wielands geführt wurde: So wie wir durch unser Tätigsein unsere je eigene Lebens-Monade entwickeln können und damit für unser geistige Entelechie verantwortlich sind, so tragen wir auch – das wäre die Weiterführung und Konsequenz dieses Gedankens – Verantwortung für die gesellschaftlichen Angelegenheiten und deren Entwicklung bzw. gleichermaßen für deren Regression. »Verantwortung« wird hier kosmologisch, also viel grundsätzlicher gefaßt, als es jeder politischen oder gar demokratischen Bestimmung dieser bedeutendsten aller möglichen Bestimmungen gesellschaftlichen Seins zugänglich ist. Es soll dem sorgfältigen Leser nicht abgenommen werden, das folgende Gespräch selbst auf seine sehr weitgehenden Konsequenzen hin nach- und weiterzudenken.

Goethe im Gespräch mit Johann Daniel Falk, am 25. Januar 1813:

An Wielands Begräbnistage [...] bemerkte ich eine so feierliche Stimmung in Goethes Wesen, wie man sie selten an ihm zu sehen gewohnt ist. Es war etwas so Weiches, ich möchte fast sagen, Wehmüthiges in ihm, seine Augen glänzten häufig, selbst sein

Ausdruck, seine Stimme waren anders als sonst. Dies mochte auch wohl der Grund sein, daß unsere Unterhaltung diesmal eine Richtung ins Übersinnliche nahm, was Goethe in der Regel, wo nicht verschmäht, doch lieber von sich ablehnt; völlig aus Grundsatz, wie mich dünkt, indem er, seinen angebornen Neigungen gemäß, sich lieber auf die Gegenwart und die lieblichen Erscheinungen beschränkt, welche Kunst und Natur in den uns zugänglichen Kreisen dem Auge und der Betrachtung darbieten. Unser abgeschiedener Freund war natürlich der Hauptinhalt unsers Gespräches. Ohne im Gange desselben besonders auszuweichen, fragte ich bei irgend einem Anlasse, wo Goethe die Fortdauer nach dem Tode, wie etwas, das sich von selbst verstehe, voraussetzte:»Und was glauben Sie wohl, daß Wielands Seele in diesen Augenblicken vornehmen möchte?« – »Nichts Kleines, nichts Unwürdiges, nichts mit der sittlichen Größe, die er sein ganzes Leben hindurch behauptete, Unverträgliches,« war die Antwort.»Aber, um nicht mißverstanden zu werden, da ich selber von diesen Dingen spreche, müßte ich wohl etwas weiter ausholen. Es ist etwas um ein achtzig Jahre hindurch so würdig und ehrenvoll geführtes Leben; es ist etwas um die Erlangung so geistig zarter Gesinnungen, wie sie in Wielands Seele so angenehm vorherrschten; es ist etwas um diesen Fleiß, um diese eiserne Beharrlichkeit und Ausdauer, worin er uns alle miteinander übertraf!« – »Möchten Sie ihm wohl einen Platz bei seinem Cicero anweisen, mit dem er sich noch bis an den Tod so fröhlich beschäftigte?« – »Stört mich nicht, wenn ich dem Gange meiner Ideen eine vollständige und ruhige Entwickelung geben soll! *Von Untergang solcher hohen Seelenkräfte kann in der Natur niemals und unter keinen Umständen die Rede sein;* so verschwenderisch behandelt sie ihre Kapitalien nie. Wielands Seele ist von Natur ein Schatz, ein wahres Kleinod. Dazu kommt, daß sein langes Leben diese geistig schönen Anlagen nicht verringert, sondern vergrößert hat. Noch einmal, bedenkt mir sorgsam diesen Umstand! Raffael war kaum in den Dreißigen, Kepler kaum einige Vierzig, als beide ihrem Leben plötzlich ein Ende machten, indes

Wieland –« »Wie?« fiel ich hier Goethe mit einigem Erstaunen ins Wort, »sprechen Sie doch vom Sterben, als ob es ein Akt von Selbstständigkeit wäre?« – »Das erlaube ich mir öfters«, gab er mir zur Antwort, »und wenn es Ihnen anders gefällt, so will ich Ihnen darüber auch von Grund aus, weil es mir in diesem Augenblicke erlaubt ist, meine Gedanken sagen.«

Ich bat ihn dringend, mir dieselben nicht vorzuenthalten. »Sie wissen längst,« hub er an, »daß Ideen, die eines festen Fundaments in der Sinnenwelt entbehren, bei all ihrem übrigen Werte für mich keine Überzeugung mit sich führen, weil ich der Natur gegenüber, wissen, nicht aber bloß vermuten und glauben will. Was nun die persönliche Fortdauer unserer Seele nach dem Tode betrifft, so ist es damit auf meinem Wege also beschaffen. Sie steht keineswegs mit den vieljährigen Beobachtungen, die ich über die Beschaffenheit unserer und aller Wesen in der Natur angestellt, im Widerspruch; im Gegenteil, sie geht sogar aus denselben mit neuer Beweiskraft hervor. Wie viel aber, oder wie wenig von dieser Persönlichkeit übrigens verdient, daß es fortdauere, ist eine andere Frage und ein Punkt, den wir Gott überlassen müssen. Vorläufig will ich nur dieses zuerst bemerken: ich nehme verschiedene Klassen und Rangordnungen der letzten Urbestandtheile aller Wesen an, gleichsam der Anfangspunkte aller Erscheinungen in der Natur, die ich *Seelen* nennen möchte, weil von ihnen die Beseelung des Ganzen ausgeht, oder noch lieber *Monaden* – lassen Sie uns immer diesen Leibnitzischen Ausdruck beibehalten! Die Einfachheit des einfachsten Wesens auszudrücken, möchte es kaum einen bessern geben. – Nun sind einige von diesen Monaden oder Anfangspunkten, wie uns die Erfahrung zeigt, so klein, so geringfügig, daß sie sich höchstens nur zu einem untergeordneten Dienst und Dasein eignen; andere dagegen sind gar stark und gewaltig. Die letzten pflegen daher alles, was sich ihnen naht, in ihren Kreis zu reißen und in ein ihnen Angehöriges, das heißt in einen Leib, in eine Pflanze, in ein Tier, oder noch höher herauf, in einen Stern zu verwandeln. Sie setzen dies so lange fort, bis die kleine oder große Welt, deren Intention geistig in ihnen liegt, auch nach außen leiblich zum Vorschein kommt. Nur die letzten möchte ich eigentlich Seelen nennen. Es folgt hieraus, daß es Weltmonaden, Weltseelen, wie Ameisenmonaden, Ameisenseelen giebt, und daß beide in ihrem Ursprunge, wo nicht völlig eins, doch im Urwesen verwandt sind.«

»Jede Sonne, jeder Planet trägt in sich eine höhere Intention, einen höhern Auftrag, vermöge dessen seine Entwicklungen ebenso regelmäßig und nach demselben Gesetze, wie die Entwickelungen eines Rosenstockes durch Blatt, Stil und Krone, zustande kommen müssen. Mögen Sie dies eine Idee oder eine Monade nennen, wie Sie wollen, ich habe auch nichts dawider; genug, daß diese Intention unsichtbar und früher, als die sichtbare Entwickelung aus ihr in der Natur, vorhanden ist. Die Larven der Mittelzustände, welche diese Idee in den Übergängen vornimmt, dürfen uns dabei nicht irre machen. Es ist immer nur dieselbe Metamorphose oder Verwandlungsfähigkeit der Natur, die aus dem Blatte eine Blume, eine Rose, aus dem Ei eine Raupe und aus der Raupe einen Schmetterling heraufführt. Übrigens gehorchen die niedern Monaden einer höhern, weil sie eben gehorchen müssen, nicht aber, daß es ihnen besonders zum Vergnügen gereichte. Es geht dieses auch im ganzen sehr natürlich zu. Betrachten wir zum Beispiel diese Hand. Sie enthält Teile, welche der Hauptmonas, die sie gleich bei ihrer Entstehung unauflöslich an sich zu knüpfen wußte, jeden Augenblick zu Diensten stehen. Ich kann dieses oder jenes Musikstück vermittelst derselben abspielen; ich kann meine Finger, wie ich will, auf den Tasten eines Klaviers umherfliegen lassen. So verschaffen sie mir allerdings einen geistig schönen Genuß; sie selbst aber sind taub, nur die Hauptmonas hört. Ich darf also voraussetzen, daß meiner Hand oder meinen Fingern wenig oder gar nichts an meinem Klavierspiele gelegen ist. Das Monadenspiel, wodurch ich mir ein Ergetzen bereite, kommt meinen Untergebenen wenig zugute, außer, daß ich sie vielleicht ein wenig ermüde. Wie weit besser stände es um ihr Sinnenvergnügen, könnten sie, wozu allerdings eine Anlage in ihnen vorhanden ist, anstatt auf den Tasten meines Klaviers müßig herumzufliegen, lieber als emsige Bienen auf den Wiesen umherschwärmen, auf einem Baume sitzen oder sich an dessen Blütenzweigen ergetzen. Der Moment des Todes, der darum auch sehr gut eine Auflösung heißt, ist eben der, wo die regierende Hauptmonas alle ihre bisherigen Untergebenen ihres treuen Dienstes entläßt. Wie das Entstehen, so betrachte ich auch das Vergehen als einen selbstständigen Akt dieser nach ihrem eigentlichen Wesen uns völlig unbekannten Hauptmonas.«

»Alle Monaden aber sind von Natur so unverwüstlich, daß sie ihre Tätigkeit im Moment der Auflösung selbst nicht einstellen oder verlieren, sondern noch in demselben Augenblicke wieder fortsetzen. So scheiden sie nur aus den alten Verhältnissen, um auf der Stelle wieder neue einzugehen. Bei diesem Wechsel kommt alles darauf an, wie mächtig die Intention sei, die in dieser oder jener Monas enthalten ist. Die Monas einer gebildeten Menschenseele und die eines Bibers, eines Vogels, oder eines Fisches, das macht einen gewaltigen Unterschied. Und da stehen wir wieder an den Rangordnungen der Seelen, die wir gezwungen sind anzunehmen, sobald wir uns die Erscheinungen der Natur nur einigermaßen erklären wollen. Swedenborg hat dies auf seine Weise versucht und bedient sich zur Darstellung seiner Ideen eines Bildes, das nicht glücklicher gewählt sein kann. Er vergleicht nämlich den Aufenthalt, worin sich die Seelen befinden, mit einem in drei Hauptgemächer eingeteilten Raume, in dessen Mitte ein großer befindlich ist. Nun wollen wir annehmen, daß aus diesen verschiedenen Gemächern sich auch verschiedene Kreaturen, zum Beispiel Fische, Vögel, Hunde, Katzen, in den großen Saal begeben; eine freilich sehr gemengte Gesellschaft! Was wird davon die unmittelbare Folge sein? Das Vergnügen, beisammen zu sein, wird bald genug aufhören; aus den einander so heftig entgegengesetzten Neigungen wird sich ein ebenso heftiger Krieg entspinnen; am Ende wird sich das Gleiche zum Gleichen, die Fische zu den Fischen, die Vögel zu den Vögeln, die Hunde zu den Hunden, die Katzen zu den Katzen gesellen, und jede von diesen besondern Gattungen wird auch, wo möglich, ein besonderes Gemach einzunehmen suchen. Da haben wir völlig die Geschichte von unsern Monaden nach ihrem irdischen Ableben. Jede Monade geht, wo sie hingehört, ins Wasser, in die Luft, in die Erde, ins Feuer, in die Sterne; ja der geheime Zug, der sie dahin führt, enthält zugleich das Geheimnis ihrer zukünftigen Bestimmung.«

»An eine Vernichtung ist gar nicht zu denken; aber von irgend einer mächtigen und dabei gemeinen Monas unterwegs angehalten und ihr untergeordnet zu werden, diese Gefahr hat allerdings etwas Bedenkliches, und die Furcht davor wüßte ich auf dem Wege einer bloßen Naturbetrachtung meinesteils nicht ganz zu beseitigen.«

Indem ließ sich ein Hund auf der Straße mit seinem Gebell zu wiederholten Malen vernehmen. Goethe, der von Natur eine Antipathie wider alle Hunde besitzt, fuhr mit Heftigkeit ans Fenster und rief ihm entgegen: »Stelle dich wie du willst, Larve, mich sollst du doch nicht unterkriegen!« Höchst befremdend für den, der den Zusammenhang Goethescher Ideen nicht kennt; für den aber, der damit bekannt ist, ein humoristischer Einfall, der eben am rechten Orte war!

»Dies niedrige Weltgesindel, nahm er nach einer Pause und etwas beruhigter wieder das Wort, pflegt sich über die Maßen breit zu machen; es ist ein wahres Monadenpack, womit wir in diesem Planetenwinkel zusammengeraten sind, und möchte wenig Ehre von dieser Gesellschaft, wenn sie auf andern Planeten davon hörten, für uns zu erwarten sein.«

Ich fragte weiter: ob er wohl glaube, daß die Übergänge aus diesen Zuständen für die Monaden selbst mit Bewußtsein verbunden wären? Worauf Goethe erwiderte: »Daß es einen allgemeinen historischen Überblick, sowie daß es höhere Naturen, als wir selbst, unter den Monaden geben könne, will ich nicht in Abrede sein. Die Intention einer Weltmonade kann und wird manches aus dem dunkeln Schoße ihrer Erinnerung hervorbringen, das wie Weissagung aussieht und doch im Grunde nur dunkle Erinnerung eines abgelaufenen Zustandes, folglich Gedächtnis ist; völlig wie das menschliche Genie die Gesetztafeln über die Entstehung des Weltalls entdeckte, nicht durch trockne Anstrengung, sondern durch einen ins Dunkel fallenden Blitz der Erinnerung, weil es bei deren Abfassung selbst zugegen war. Es würde vermessen sein, solchen Aufblitzen im Gedächtnis höherer Geister ein Ziel zu setzen, oder den Grad, in welchem sich diese Erleuchtung halten müßte, zu bestimmen. So im allgemeinen und historisch gefaßt, finde ich in der Fortdauer von Persönlichkeit einer Weltmonas durchaus nichts Undenkbares.«

»Was uns selbst zunächst betrifft, so scheint es fast, als ob die von uns früher durchgangenen Zustände dieses Planeten im ganzen zu unbedeutend und zu mittelmäßig seien, als daß vieles daraus in den Augen der Natur einer zweiten Erinnerung wert gewesen wäre. Selbst unser jetziger Zustand möchte einer großen Auswahl bedürfen, und unsere Hauptmonas wird ihn wohl ebenfalls künftig einmal summarisch, das heißt in einigen großen historischen Hauptpunkten zusammenfassen.« [...]

»Wollen wir uns einmal auf Vermutungen einlassen, setzte Goethe hierauf seine Betrachtungen weiter fort, so sehe ich wirklich nicht ab, was die Monade, welcher wir Wielands Erscheinung auf unserm Planeten verdanken, abhalten sollte, in ihrem neuen Zustande die höchsten Verbindungen dieses Weltalls einzugehen. Durch ihren Fleiß, durch ihren Eifer, durch ihren Geist, womit sie so viele weltgeschichtliche Zustände in sich aufnahm, ist sie zu allem berechtigt. Ich würde mich so wenig wundern, daß ich es sogar meinen Ansichten völlig gemäß finden müßte, wenn ich einst diesem Wieland als einer Weltmonade, als einem Stern erster Größe, nach Jahrtausenden wieder begegnete und sähe und Zeuge davon wäre, wie er mit seinem lieblichen Lichte alles, was ihm irgend nahe käme, erquickte und aufheiterte. Wahrlich, das nebelartige Wesen irgend eines Kometen in Licht und Klarheit zu verfassen, das wäre wohl für die Monas unsers Wielands eine erfreuliche Aufgabe zu nennen; wie denn überhaupt, sobald man die Ewigkeit dieses Weltzustandes denkt, sich für Monaden durchaus keine andre Bestimmung annehmen läßt, als daß sie ewig auch ihrerseits an den Freuden der Götter als selig mitschaffende Kräfte teilnehmen. Das Werden der Schöpfung ist ihnen anvertraut. Gerufen oder ungerufen, sie kommen von selbst auf allen Wegen, von allen Bergen, aus allen Meeren, von allen Sternen; wer mag sie aufhalten? Ich bin gewiß, wie Sie mich hier sehen, schon tausendmal dagewesen und hoffe wohl noch tausendmal wiederzukommen.« – »Um Verzeihung,« fiel ich ihm hier ins Wort: »ich weiß nicht, ob ich eine Wiederkunft ohne Bewußtsein eine Wiederkunft nennen möchte! Denn *wieder* kommt nur derjenige, welcher weiß, daß er zuvor dagewesen ist. Auch Ihnen sind bei Betrachtungen der Natur glänzende Erinnerungen und Lichtpunkte aus Weltzuständen aufgegangen, bei welchen Ihre Monas vielleicht selbsttätig zugegen war; aber alles dieses steht doch nur auf einem Vielleicht; ich wollte doch lieber, daß wir über so wichtige Dinge eine größere Gewißheit zu erlangen imstande wären, als die wir uns durch Ahnungen und jene Blitze des Genies verschaffen, welche zuweilen den dunkeln Abgrund der Schöpfung erleuchten. Sollten wir unserm Ziele nicht näher gelangen, wenn wir eine liebende Hauptmonas im Mittelpunkte der Schöpfung voraussetzten, die sich aller untergeordneten Monaden dieses ganzen Weltalls auf dieselbe Art und Weise bediente, wie sich unsre Seele der ihr zum Dienste untergebenen geringern Monaden bedient?« – »Ich habe gegen diese Vorstellung, als Glauben betrachtet, nichts, gab Goethe hierauf zur Antwort; nur pflege ich auf Ideen, denen keine sinnliche Wahrnehmung zu Grunde liegt, keinen ausschließenden Wert zu legen. Ja, wenn wir unser Gehirn und den Zusammenhang desselben mit dem Uranus und die tausendfältigen einander durchkreuzenden Fäden kennten, worauf der Gedanke hin- und herläuft! So aber werden wir der Gedankenblitze immer dann erst inne, wann sie einschlagen. Wir kennen nur Ganglien, Gehirnknoten; vom Wesen des Gehirns selbst wissen wir so viel als gar nichts. Was wollen wir denn also von Gott wissen? Man hat es Diderot sehr verdacht, daß er irgendwo gesagt: wenn Gott noch nicht *ist*, so *wird* er vielleicht noch. Gar wohl lassen sich aber nach meinen Ansichten von der Natur und ihren Gesetzen, Planeten denken, aus welchen die höhern Monaden bereits ihren Abzug genommen, oder wo ihnen das Wort noch gar nicht vergönnt ist. Es gehört eine Konstellation dazu, die nicht alle Tage zu haben ist, daß das Wasser weicht und daß die Erde trocken wird. So gut wie es Menschenplaneten giebt, kann es auch Fischplaneten und Vogelplaneten geben. Ich habe in einer unserer früheren Unterhaltungen den Menschen das erste Gespräch genannt, das die Natur mit Gott hält. Ich zweifle gar nicht, daß dies Gespräch auf andern Planeten viel höher, tiefer und verständiger gehalten werden kann. Uns gehen vor der Hand tausend Kenntnisse dazu ab. Das Erste gleich, was uns mangelt, ist die Selbstkenntnis; nach dieser kommen alle übrigen. Streng genommen kann ich von Gott doch weiter nichts wissen, als wozu mich der ziemlich beschränkte Gesichtskreis von sinnlichen Wahrnehmungen auf diesem Planeten berechtigt, und das ist in allen Stükken wenig genug. *Damit ist aber keineswegs gesagt, daß durch diese Beschränkung unserer Naturbetrachtungen auch dem Glauben Schranken gesetzt wären. Im Gegenteil kann, bei der Unmittelbarkeit göttlicher Gefühle in uns, der Fall gar leicht eintreten, daß das Wissen als Stückwerk besonders auf einem Planeten erscheinen muß, der, aus seinem ganzen Zusammenhange mit der Sonne herausgerissen, alle und jede Betrachtung unvollkommen läßt, die eben darum erst durch den Glauben ihre vollständige Ergänzung erhält.* Schon bei Gelegenheit der Farbenlehre habe ich bemerkt, daß es Urphänomene gibt, die wir in ihrer göttlichen Einfalt durch unnütze Versuche nicht stören und beeinträchtigen, sondern der Vernunft und dem Glauben übergeben sollen. Versuchen wir von beiden Seiten muthig vorzudringen, nur halten wir zugleich die Grenzen streng auseinander! Beweisen wir nicht, was durchaus nicht zu beweisen ist! Wir werden sonst nur früh oder spät in unserm sogenannten Wissenswerk unsere eigne Mangelhaftigkeit bei der Nachwelt zur Schau tragen. Wo das Wissen genügt, bedürfen wir freilich des Glaubens nicht; wo aber das Wissen seine Kraft nicht bewährt oder ungenügend erscheint, sollen wir auch dem Glauben seine Rechte nicht streitig machen. *Sobald man nur von dem Grundsatz ausgeht, daß Wissen und Glauben nicht dazu da sind, um einander aufzuheben, sondern um einander zu ergänzen, so wird schon überall das Rechte ausgemittelt werden.«*

Es war spät geworden, als ich heute Goethe verließ. Er küßte mir die Stirn beim Abschiede, was sonst nie seine Gewohnheit ist. Ich wollte im Dunkeln die Treppe heruntergehen; aber er litt es nicht, sondern hielt mich fest beim Arme, bis er jemand geklingelt, der mir leuchten mußte. Noch in der Tür warnte er mich, daß ich auf meiner Hut sein und mich vor der rauhen Nachtluft in acht nehmen sollte. Weichmütiger, als bei Wielands Tode, habe ich Goethe nie zuvor gesehen und sah ihn auch nachher nie wieder so.

Sein heutiges Gespräch enthält übrigens den Schlüssel zu manchen ebenso paradoxen als liebenswürdigen Seiten seines so oft mißverstandenen Charakters.

Unter den vielen Hundert aufgezeichneten Gesprächen Goethes fällt dieses thematisch gänzlich aus dem Rahmen, da er sich schriftlich über »letzte Fragen« nur in Gleichnissen und poetischer Sprache als der höheren Form, Wahrheiten auszusprechen, indirekt, aber doch entschlüsselbar, geäußert hat. Es ist »das Unbeschreibliche« der letzten Verse des *Faust*, das sich nur dichterisch, nicht philosophisch oder gar wissenschaftlich mitteilen läßt. Am Ende eines Briefes an Carl Friedrich Zelter (19. März 1827) wird das aufs schönste ausgesprochen – ein Brief, der die Authentizität des von Falk aufgezeichneten Gespräches zumindest sinngemäß bestätigt:

»Wirken wir fort bis wir, vor oder nacheinander vom Weltgeist berufen in den Äther zurückkehren! Möge dann der ewig Lebendige uns neue Tätigkeiten, denen analog in welchen wir uns schon erprobt, nicht versagen! Fügt er sodann Erinnerung und Nachgefühl des Rechten und Guten was wir hier schon gewollt und geleistet väterlich hinzu; so würden wir gewiß nur desto rascher in die Kämme des Weltgetriebes eingreifen. Die entelechische Monade muß sich nur in rastloser Tätigkeit erhalten, wird ihr diese zur anderen Natur so kann es ihr in Ewigkeit nicht an Beschäftigung fehlen. Verzeih diese abstrusen Ausdrücke, man hat sich aber von jeher in solche Regionen verloren, in solchen Sprecharten sich mitzuteilen versucht da wo die Vernunft nicht hinreichte und wo man doch die Unvernunft nicht wollte walten lassen.«

## Naturgemäße Ordnung

Alle Ordnung, auch und nicht zuletzt die politisch-gesellschaftliche, ist von der Natur her zu denken, zu begründen, an ihr zu orientieren, weil der Mensch selbst ein natürliches Wesen, also ihr Teil, und nichts qualitativ von ihr Abgehobenes, Getrenntes, Eigenständiges ist. Goethes Enthusiasmus, mit dem »Zwischenkieferknochen« den wissenschaftlichen Beweis für die Zugehörigkeit des Menschen zur größeren Familie der Säugetiere gefunden zu haben, verweist auf ebendiesen von ihm immer wieder reflektierten Zusammenhang. Das ist als solche heute keine besonders aufregende Nachricht mehr – sehr wohl aber widerstrebt es einer rationalistisch reduzierten Aufklärungsvernunft, den von ihr behaupteten tiefen Graben zwischen Natur und Gesellschaft bzw. politischer Ordnung einzuebnen und aus der »Naturwahrheit« ein normatives Denken des Politischen abzuleiten oder zu begründen, obwohl im Kontext der seit wenigen Jahrzehnten immer dramatischeren Erkenntnisse über die lebensgefährliche Vernichtung natürlicher Ressourcen das Bewußtsein dafür gewachsen ist, daß es zumindest einen Zusammenhang gibt zwischen kapitalistischer Wirtschaftslogik und Umweltkatastophen. Daß dem industrie-kapitalistischen Wirtschaftsmodell seinerseits aber ordnungspolitische Vorstellungen und Werte zugrunde liegen, dürfte kaum bestreitbar sein – hier schließt sich darum der Kreis, wird das Verständnis der Natur zum Konditional gesellschaftlich-politischer Normativität. »Ohne meine Bemühungen in den Naturwissenschaften hätte ich die Menschen nie kennen gelernt, wie sie sind«, bemerkt Goethe zu Eckermann (13. Februar 1829); und da die gesellschaftliche Dimension in allen grundsätzlichen Äußerungen immer mitzudenken ist, bekommt die weitergehende Aussage aus den Schriften zur Morphologie ein besonderes Gewicht für unseren Zusammenhang: »Wenn der Naturforscher sein Recht einer freien Beschauung und Betrachtung behaupten will, so mache er sich zur Pflicht, die Rechte der Natur zu sichern; nur da, wo sie frei ist, wird er frei sein, da, wo man sie mit Menschensatzungen bindet, wird auch er gefesselt werden.« Die unterwerfende Herrschaft über die Natur, ökonomisch so gut wie wissenschaftlich (dagegen setzt er an anderer Stelle den Begriff der »zarten Empirie«), führt zur Selbstfesselung, zur »Selbstversklavung« des Menschen.

Daß die neuzeitliche rasante Artenvernichtung (hundert- bis tausendfach größer als in vormenschlichen Zeiten: 30000 pro Jahr, 74 pro Tag, 3 pro Minute!) auch zu einer Verkümmerung des Menschlichen führt, zur Reduktion von Sensibilitäten und Bewußtsein, beginnt sich herumzusprechen. Aus dem von Goethe thematisierten

Weltzusammenhang bedeutet sie auch eine Reduktion gesellschaftlicher Phantasie für anstehende Problemlösungen
– denn er fährt an der Stelle fort: »Eines der größten Rechte
und Befugnisse der Natur ist, dieselben Zwecke durch verschiedene Mittel erreichen zu können, dieselben Erscheinungen durch mancherlei Bezüge zu veranlassen.« Von der
Natur lernen heißt Gesetzlichkeit und Freiheit in ihrer gegenseitigen Bedingtheit und als Beweger der Geschichte zu
verstehen – und zugleich zu lenken, zu gestalten, zu höheren Formen der Entwicklung zu führen. Darin mündet das
große Lehrgedicht von der »Metamorphose der Tiere« – es
ist das Hohelied der Gemeinschaftskunst, das hier über den
»schönen Begriff von Macht und Schranken, von Willkür
und Gesetz, von Freiheit und Maß von beweglicher Ordnung« gesungen wird: »Keinen höhern Begriff erringt der
sittliche Denker« (prosaisch gesprochen: der politische
Theoretiker), »keinen der tätige Mann, [. . .] der Herrscher,
der es verdient zu sein [. . .].« In dergestaltiger Perspektive
der Bewußtheit nicht nur einer Interdependenz, sondern
vielmehr und viel tiefergehend einer inneren, strukturellen
Verwandtschaft von Gesellschaftsordnung und natürlicher, lebendiger Natur (für den Wissenschaftler Goethe,
den Mineralogen mit der größten Gesteinssammlung seiner Zeit, gibt es empirisch erwiesenermaßen keine »tote
Natur«), war es Chance und Pflicht der Wissenden, die
Menschen »harmonisch [. . .] mit sanftem Zwange« dahin-
gehend zu »belehren«: Geglückte Gesellschaftsordnungen
sind möglich. Wenn Goethe zu Eckermann – in Ergänzung
und Konkretisierung zum Falk-Gespräch – bemerkt: »Die
Überzeugung unserer Fortdauer entspringt mir aus dem
Begriff der Tätigkeit; denn wenn ich bis an mein Ende rast-
los wirke, so ist die Natur verpflichtet, mir eine andere
Form des Daseins anzuweisen, wenn die jetzige meinem

Geist nicht ferner auszuhalten vermag« (4. Februar 1829), so gilt das nicht für die Entelechie des Individuums Goethe, für die Bildung und Höherentwicklung seiner »Hauptmonade«, sondern für dessen gesellschaftliche Tätigkeit – und Tätigkeit ist eine gesellschaftliche, im emphatischen Sinne des Wortes eine politische Kategorie –, nämlich für »das Rechte und Gute, was wir hier schon geleistet«, wie es in dem zitierten Brief an Zelter geheißen hatte. Dieses hier und heute zu tuende und getane »Rechte und Gute«, das unserer »entelechischen Monade« den Anspruch auf eine zukünftige Weiterarbeit an der Gesellschaftskunst in gesteigerter Form und auf höherer Ebene einschreibt, ist ein Tätigsein, das Goethe das »Eingreifen in die Kämme des Weltgetriebes« nennt: Gesellschaftlicher, politischer Fortschritt in der Gestaltung des menschlichen Zusammenlebens ist möglich – aber, wo solches Tun sich nicht an kosmologischen Parametern, sondern an solchen von Macht, Machbarkeit, egoistischen Interessen und taktischen Vorteilsnahmen der Regierenden orientiert, da ist auch immer der »Rückschritt«, ist der Zerfall von Ordnung und ihre Substitution durch Gewaltherrschaft, Diktatur, Krieg und andere Formen der Degeneration möglich und historisch wahrscheinlich.

*Metamorphose der Tiere (1820)*

Wagt ihr, also bereitet, die letzte Stufe zu steigen
Dieses Gipfels, so reicht mir die Hand und öffnet den freien
Blick ins weite Feld der Natur. Sie spendet die reichen
Lebensgaben umher, die Göttin; aber empfindet
Keine Sorge wie sterbliche Fraun um ihrer Gebornen
Sichere Nahrung; ihr ziemet es nicht: denn zwiefach bestimmte
Sie das höchste Gesetz, beschränkte jegliches Leben,
Gab ihm gemess'nes Bedürfnis, und ungemessene Gaben,

Leicht zu finden, streute sie aus, und ruhig begünstigt
Sie das muntre Bemühn der vielfach bedürftigen Kinder;
Unerzogen schwärmen sie fort nach ihrer Bestimmung.

Zweck sein selbst ist jegliches Tier, vollkommen entspringt es
Aus dem Schoß der Natur und zeugt vollkommene Kinder.
Alle Glieder bilden sich aus nach ew'gen Gesetzen
Und die seltenste Form bewahrt im Geheimen das Urbild.
So ist jeglicher Mund geschickt die Speise zu fassen
Welche dem Körper gebührt, es sei nun schwächlich und zahnlos
Oder mächtig der Kiefer gezahnt, in jeglichem Falle
Fördert ein schicklich Organ den übrigen Gliedern die Nahrung.
Auch bewegt sich jeglicher Fuß, der lange, der kurze,
Ganz harmonisch zum Sinne des Tiers und seinem Bedürfnis.
So ist jedem der Kinder die volle reine Gesundheit
Von der Mutter bestimmt: denn alle lebendigen Glieder
Widersprechen sich nie und wirken alle zum Leben.
Also bestimmt die Gestalt die Lebensweise des Tieres,
Und die Weise zu leben sie wirkt auf alle Gestalten
Mächtig zurück. So zeiget sich fest die geordnete Bildung,
Welche zum Wechsel sich neigt durch äußerlich wirkende Wesen.
Doch im Innern befindet die Kraft der edlern Geschöpfe
Sich im heiligen Kreise lebendiger Bildung beschlossen.
Diese Grenzen erweitert kein Gott, es ehrt die Natur sie:
Denn nur also beschränkt war je das Vollkommene möglich.

Doch im Inneren scheint ein Geist gewaltig zu ringen,
Wie er durchbräche den Kreis, Willkür zu schaffen den Formen
Wie dem Wollen; doch was er beginnt, beginnt er vergebens.
Denn zwar drängt er sich vor zu diesen Gliedern, zu jenen,
Stattet mächtig sie aus, jedoch schon darben dagegen
Andere Glieder, die Last des Übergewichtes vernichtet
Alle Schöne der Form und alle reine Bewegung.
Siehst du also dem einen Geschöpf besonderen Vorzug
Irgend gegönnt, so frage nur gleich, wo leidet es etwa
Mangel anderswo, und suche mit forschendem Geiste,
Finden wirst du sogleich zu aller Bildung den Schlüssel.

Denn so hat kein Tier, dem sämtliche Zähne den obern
Kiefer umzäunen, ein Horn auf seiner Stirne getragen,
Und daher ist den Löwen gehörnt der ewigen Mutter
Ganz unmöglich zu bilden und böte sie alle Gewalt auf;
Denn sie hat nicht Masse genug die Reihen der Zähne
Völlig zu pflanzen und auch Geweih und Hörner zu treiben.

Dieser schöne Begriff von Macht und Schranken, von Willkür
Und Gesetz, von Freiheit und Maß, von beweglicher Ordnung,
Vorzug und Mangel, erfreue dich hoch; die heilige Muse
Bringt harmonisch ihn dir, mit sanftem Zwange belehrend.
Keinen höhern Begriff erringt der sittliche Denker,
Keinen der tätige Mann, der dichtende Künstler; der Herrscher,
Der verdient es zu sein, erfreut nur durch ihn sich der Krone.
Freue dich, höchstes Geschöpf, der Natur, du fühlest dich fähig
Ihr den höchsten Gedanken, zu dem sie schaffend sich aufschwang,
Nachzudenken. Hier stehe nun still und wende die Blicke
Rückwärts, prüfe, vergleiche, und nimm vom Munde der Muse
Daß du schauest, nicht schwärmst, die liebliche volle Gewißheit.

## Betrachtung des Weltgebäudes

Das sozio-politische Erdbeben, das von der Französischen
Revolution ausging und in dessen historischen Horizont
wir auch unsere Gegenwart begreifen müssen – eine Geschichte der gewaltsamen, gewalttätigen Welt- und
Menschheitsverbesserungsprojekte –, hat Goethe wie nur
wenige andere Zeitgenossen vor allem in seinen dunklen,
zerstörerischen, kontraproduktiven Dimensionen erkannt,
kritisiert und vor der Weiterverfolgung dieses Weges gewarnt mit den Mitteln der Dichtkunst. So wie der Groß-
unternehmer und politische Diktator Faust rücksichtslos
Menschen opfert, die Natur unterwirft und zerstört, um
ein neues Land aus seinem technokratischen Geist neu zu

erschaffen – »Und auf Vernichtung läufts hinaus«, kommentiert Mephisto nüchtern –, so hatten auch die Revolutionäre von 1789, wie ihre Nachfahren in Geist und Praxis seitdem, die Illusion, den neuen Menschen, die neue Gesellschaft auf den gewaltsam zerstörten Trümmern der alten zu errichten: Eingriffe in die historisch gewachsenen Verhältnisse, die wenig Besserung, aber viel Leiden und mehr Unfreiheit als vorher schufen. Beschädigt und verwundet wird da das »Weltgebäude« – das Gesamtensemble von Mensch und Welt, von Gesellschaft und Oikos. Ohne davon einen Begriff oder doch wenigstens eine Ahnung zu haben und das allen Ordnungsvorstellungen und allem gesellschaftlichen Handeln zugrunde zu legen, ist politische Praxis blind und in ihrer selbstgerechten Arroganz der Machbarkeit höchst gefährlich. Wenn Hans Jonas angesichts der entgrenzten technischen Möglichkeiten der Moderne die Frage stellt, »ob wir ohne die Wiederherstellung der Kategorie des Heiligen, die am gründlichsten durch die wissenschaftliche Aufklärung zerstört wurde, eine Ethik haben können, die die extremen Kräfte zügeln kann, die wir heute besitzen« und über die Überwindung der »anthropozentrischen Ethik« nachdenkt (»Das Prinzip Verantwortung«, 1979), dann finden wir bei Goethe darauf den großen Rahmen einer Antwort, die sich schließlich mit leichter Hand und nur scheinbar ironisch gebrochen in die »Sphäre der Dichtkunst« flüchtet.

Wir können bei Betrachtung des Weltgebäudes, in seiner weitesten Ausdehnung, in seiner letzten Teilbarkeit, uns der Vorstellung nicht erwehren daß dem Ganzen eine Idee zum Grunde liege, wornach Gott in der Natur, die Natur in Gott, von Ewigkeit zu Ewigkeit schaffen und wirken möge.

*Bedenken und Ergebung* (1820)

*Das Teleskop als Metapher entfremdeter,*
*abstrahierender Politik*

Die Unterwerfung der Natur hat im autonomen Denken angefangen und war – und ist – keineswegs das zwangsläufige Resultat einer naturwüchsigen Fortentwicklung menschlicher Lernkapazitäten: gewissermaßen linear »vom Faustkeil zur Atomenergie«. Anders gesagt: Die wissenschaftlich-technologische Transformation der modernen Gesellschaft ist nicht das Ergebnis immer weiter gesteigerter und zu neuen Grenzen vorstoßender menschlicher Neugier oder der ständigen Verbesserung lebenserleichternder Werkzeuge, sondern die Folge von Interessen an einer abstrakten Wissensproduktion. Ohne das Dazwischentreten materieller Interessen und nicht zuletzt staatlicher, also politischer Forschungsförderung hätten es »die sog. praktischen Instinkte des Menschen nie zu einer nennenswerten Technisierung des Lebens gebracht«, wie Hannah Arendt schreibt(»Vita activa oder Vom tätigen Leben«, 1967). Mit analytischer Klarheit bringt sie das in sozialwissenschaftlicher Prosa ›auf den Punkt‹, was Goethe in poetischer Sprechweise als Realmetapher der Moderne erkannt hatte: das Teleskop. Teleskop und Mikroskop erschließen eine Wirklichkeit, die den natürlichen menschlichen Sinnen unzugänglich ist – mit enormen Konsequenzen. Arendt:»Sobald man sich in eine Region vorwagt, die jenseits aller sinnlich wahrnehmbaren Erscheinung liegt und prinzipiell auch nicht mehr von den stärksten Beobachtungsmitteln erreicht werden kann, sobald man beginnt, in Apparaturen die Geheimnisse eines Seins einzufangen, das für das naturwissenschaftliche Weltbild so geheimnisvoll geworden ist, daß es sich nirgends mehr zeigt, und so ungeheuer wirkungsmächtig, daß es alles Erscheinen hervorbringt, stellt sich heraus, daß unsere Apparate auf das unendlich Große und das unendlich Kleine, auf die Vorgänge in Makrokosmos und die des Mikrokosmos, gleich reagieren, und daß sich für sie die gleichen Regeln und Muster ergeben, sobald man daran geht, die Resultate der Meßapparate zu interpretieren. Wieder scheint es auf den ersten Blick, als melde sich hier nur die alte, auf einer höheren und exakteren Stufe wiedergefundene Einheit des Universums, der Harmonie der Sphären, in die das Irdische als ein Grenzfall eingegangen ist; aber gleich wird sich auch der Verdacht regen, daß unsere Ergebnisse, gerade wegen ihrer verblüffenden Stimmigkeit, weder mit dem Makrokosmos noch mit dem Mikrokosmos das Geringste zu tun haben, daß sie vielmehr den Regeln und Strukturen entsprechen, die für uns selbst und unser Erkenntnisvermögen charakteristisch sind, für das Vermögen nämlich, das die Apparaturen und Instrumente erfand – in welchem Falle es wirklich ist, als vereitele ein böser Geist alle Anstrengungen des Menschen, exakt zu wissen und zu erfahren, was immer er selbst nicht ist, und zwar so, daß er ihm, unter der Vorgabe, ihm die ungeheuren Reiche des Seienden zu zeigen, immer nur das eigene Spiegelbild vorhält.«

Dieser seit dem 19. Jahrhundert mit rasanter Beschleunigung vorangetriebene Prozeß der technologischen Transformation der (westlichen) Gesellschaften hat die Politik gewissermaßen zum Erfüllungsgehilfen einer scheinbar unaufhaltsamen, scheinbar naturwüchsigen, aber tatsächlich von uns selbst zu verantwortenden Entwicklung gemacht: »Sachzwänge« ist das moderne Schlüsselwort für die von Goethe als Möglichkeit schon sehr zeitig erkannte »Fesselung« des Menschen als Folge der »Bindung« der Natur mit »Menschensatzungen« – Sachzwänge, die nicht nur sinnlich nicht mehr nachvollziehbar sind, die uns auch von der Natur als Orientierungskompaß entfernen. Es liegt, wie Hannah Arendt zeigt, in der Konsequenz der Benutzung des Teleskops durch Galilei, »daß die Natur von einem Standpunkt im Universum außerhalb der Erde gehandhabt wird«, daß nun »weder die Sonne noch die Erde als Mittelpunkte eines in sich geschlossenen Systems erscheinen« und daß wir uns frei in einem Weltall bewegen, »das um keinen Mittelpunkt mehr zentriert ist« – wir verlieren buchstäblich den Boden unter den Füßen, werden nicht nur der »Erde«, sondern auch der »Welt« als dem Ensemble aller gesellschaftlichen, materiellen und geistigen Lebensbedingungen, in denen der Mensch historisch Mensch geworden ist, »entfremdet«. – Goethes »andere Moderne« (Leo Kreutzer) setzt hingegen auf die »sittlich günstige Wirkung« der Naturbeobachtung und einer an der sinnlichen Wahrnehmung orientierten Naturwissenschaft für die Bildung des Menschen zur Gesellschaftsfähigkeit. »Schon fast seit einem Jahrhundert«, schreibt er in einem Brief (an Knebel, 25. November 1808) »wirken Humaniora nicht mehr auf das Gemüth dessen der sie treibt und es ist ein rechtes Glück, daß die Natur dazwischen getreten ist, das Interesse an sich gezogen und uns von ihrer Seite den Weg zur Humanität geöffnet hat.«

Die Natur als Weg zur Humanität – das ist zu unterstreichen. Goethe setzt darauf nicht nur, um ein radikales »Umdenken«, wie es heute ebenso oft wie rhetorisch und inhaltsleer gefordert wird, zu befördern, er meint es auch ganz unmittelbar-sinnlich geradezu beschwörend-appellativ für die politische Klasse und ihre mächtigen Vertreter, die Staatsmänner, die glauben, die von ihnen selbst geschaffenen Konflikte auf dem Rücken ihrer Völker durch Krieg und Gewalt lösen zu dürfen. Vor dem Hintergrund der

Niederlage Napoleons in Rußland und der beginnenden
Mobilisierung des deutschen »Befreiungskrieges« wurde
das folgende Gespräch aufgezeichnet (H. Freiherr von
Heß, Teplitz, 27. Mai 1813):

Die gewaltige Zeit nun, der Kriegsgeist, der sie belebte, und die
ebenso gewaltige Reaktion, welche den erst erfolgten Brand von
Moskau nun wahrscheinlich zum allgemeinen Weltbrande anzu-
fachen drohte, und das Unglück, welches dadurch über die einzelnen so blühenden Länder Deutschlands und besonders über
die unteren Volksklassen, die an allem so unschuldig waren,
kommen müsse, schienen den in diesen Gedanken ganz versun-
kenen Mann tief zu durchdringen. Er sagte: Sie sind zwar Kriegs-
männer, oder noch Höhergestellte im Staatsleben, und die Welt
bildet sich nach dem Ergebnis Ihrer Taten, allein wenn ich des
Morgens so erwache und mit der dampfenden Sonne auf meinen
schönen Schloßberg gehe, wie ich denn jetzt davon herkomme,
und mir denke, daß in diesem gottgesegneten stillen Tale nur
allein die Herzen der Kinder noch ruhig schlagen, während die
Kultur von Jahrhunderten, möchte ich sagen, sowie die Ruhe
und der Friede aller anderen Bewohner schon jetzt bedroht
und gestört sind, so möchte ich gerne dem gigantischen Helden
unseres Säkulums (Napoleon; E. K.), um ihm Friedensgedanken
einzuhauchen, auch nur den hundertsten Teil jener Empfindun-
gen eingeben können, welche mich jeden Morgen für die Menschen in diesem Paradiese durchströmen.

Von der »sittlich günstigen Wirkung« der Natur-Para-
meter für eine kreative gesellschaftliche Orientierung in
dieser Welt spricht der folgende Text aus »Wilhelm Meisters Wanderjahre« – »einen edlen Familienkreis in allen
seinen Gliedern erwünscht verbunden herzustellen« – als
auch negativ von der Wahrnehmungsverzerrung durch die
»Apparaturen«, die uns die Natur so zurechtlegen, daß sie
unseren eigenen vorgegebenen Kategorien entsprechen

und sie selbst sich aus der Welt zurückzieht: Das »Fernrohr« wird da zur Metapher für den »technisierten Blick«
(Ulrich Stadler). Daß genaue und vor allem geduldige
astronomische Beobachtungen ohne jegliche technische
Hilfsmittel die erstaunlichsten, »unverzerrten« Resultate
und Erkenntnisse erbringen können, haben uns frühe Kulturen wie nicht zuletzt die ägyptische gezeigt.

Nach einigen Stunden ließ der Astronom seinen Gast die Trep-
pen zur Sternwarte sich hinaufwinden und zuletzt allein auf die
völlig freie Fläche eines runden, hohen Turmes heraustreten. Die
heiterste Nacht, von allen Sternen leuchtend und funkelnd, um-
gab den Schauenden, welcher zum erstenmale das hohe Him-
melsgewölbe in seiner ganzen Herrlichkeit zu erblicken glaubte.
Denn im gemeinen Leben, abgerechnet die ungünstige Witte-
rung, die uns so oft den Glanzraum des Äthers verbirgt, hindern
uns zu Hause bald Dächer und Giebel, auswärts bald Wälder
und Felsen, am meisten aber überall die inneren Beunruhigungen
des Gemüts, die, uns alle Umwelt mehr als Nebel und Mißwetter
zu verdüstern, sich hin und her bewegen.
Ergriffen und erstaunt hielt er sich beide Augen zu. Das Ungeheure hört auf, erhaben zu sein, es überreicht unsre Fassungs-
kraft, es droht, uns zu vernichten. »Was bin ich denn gegen das
All?« sprach er zu seinem Geiste; »wie kann ich ihm gegenüber,
wie kann ich in seiner Mitte stehen?« Nach einem kurzen Über-
denken jedoch fuhr er fort: »Das Resultat unsres heutigen
Abends löst ja auch das Rätsel des gegenwärtigen Augenblicks.
Wie kann sich der Mensch gegen das Unendliche stellen, als
wenn er alle geistigen Kräfte, die nach vielen Seiten hingezogen
werden, in seinem Innersten, Tiefsten versammelt, wenn er sich
fragt: ›Darfst du dich in der Mitte dieser ewig lebendigen Ordnung auch nur denken, sobald sich nicht gleichfalls in dir ein
beharrlich Bewegtes, um einen reinen Mittelpunkt kreisend, her-
vortut? Und selbst wenn es dir schwer würde, diesen Mittelpunkt
in deinem Busen aufzufinden, so würdest du ihn daran erkennen,

daß eine wohlwollende, wohltätige Wirkung von ihm ausgeht und von ihm Zeugnis gibt.‹

Wer soll, wer kann aber auf sein vergangenes Leben zurückblicken, ohne gewissermaßen irre zu werden, da er meistens finden wird, daß sein Wollen richtig, sein Tun falsch, sein Begehren tadelhaft und sein Erlangen dennoch erwünscht gewesen?

Wie oft hast du diese Gestirne leuchten gesehen, und haben sie dich nicht jederzeit anders gefunden? sie aber sind immer dieselbigen und sagen immer dasselbige: ›Wir bezeichnen‹, wiederholen sie: ›durch unsern gesetzmäßigen Gang Tag und Stunde; frage dich auch, wie verhältst du dich zu Tag und Stunde?‹ – Und so kann ich denn diesmal antworten: ›Des gegenwärtigen Verhältnisses hab' ich mich nicht zu schämen, meine Absicht ist, einen edlen Familienkreis in allen seinen Gliedern erwünscht verbunden herzustellen; der Weg ist bezeichnet. Ich soll erforschen, was edle Seelen auseinanderhält, soll Hindernisse wegräumen, von welcher Art sie auch seien.‹ Dies darfst du vor diesen himmlischen Heerscharen bekennen; achteten sie deiner, sie würden zwar über deine Beschränktheit lächeln, aber sie ehrten gewiß deinen Vorsatz und begünstigten dessen Erfüllung.«

Bei diesen Worten oder Gedanken wendete er sich, umherzusehen, da fiel ihm Jupiter in die Augen, das Glücksgestirn, so herrlich leuchtend als je; er nahm das Omen als günstig auf und verharrte freudig in diesem Anschauen eine Zeitlang.

Hierauf sogleich berief ihn der Astronom herabzukommen und ließ ihn eben dieses Gestirn durch ein vollkommenes Fernrohr in bedeutender Größe, begleitet von seinen Monden, als ein himmlisches Wunder anschauen.

Als unser Freund lange darin versunken geblieben, wendete er sich um und sprach zu dem Sternfreunde: »Ich weiß nicht, ob ich Ihnen danken soll, daß Sie mir dieses Gestirn so über alles Maß näher gerückt. Als ich es vorhin sah, stand es im Verhältnis zu dem übrigen Unzähligen des Himmels und zu mir selbst; jetzt aber tritt es in meiner Einbildungskraft unverhältnismäßig hervor, und ich weiß nicht, ob ich die übrigen Scharen gleicherweise heranzuführen wünschen sollte. Sie werden mich einengen, mich beängstigen.«

So erging sich unser Freund nach seiner Gewohnheit weiter, und es kam bei dieser Gelegenheit manches Unerwartete zur Sprache. Auf einiges Erwidern des Kunstverständigen versetzte Wilhelm: »Ich begreife recht gut, daß es euch Himmelskundigen die größte Freude gewähren muß, das ungeheure Weltall nach und nach so heranzuziehen, wie ich hier den Planeten sah und sehe. Aber erlauben Sie mir, es auszusprechen: ich habe im Leben überhaupt und im Durchschnitt gefunden, daß diese Mittel, wodurch wir unsern Sinnen zu Hülfe kommen, keine sittlich günstige Wirkung auf den Menschen ausüben. Wer durch Brillen sieht, hält sich für klüger, als er ist, denn sein äußerer Sinn wird dadurch mit seiner innern Urteilsfähigkeit außer Gleichgewicht gesetzt; es gehört eine höhere Kultur dazu, deren nur vorzügliche Menschen fähig sind, ihr Inneres, Wahres mit diesem von außen herangerückten Falschen einigermaßen auszugleichen. Sooft ich durch eine Brille sehe, bin ich ein anderer Mensch und gefalle mir selbst nicht; ich sehe mehr, als ich sehen sollte, die schärfer gesehene Welt harmoniert nicht mit meinem Innern, und ich lege die Gläser geschwind wieder weg, wenn meine Neugierde, wie dieses oder jenes in der Ferne beschaffen sein möchte, befriedigt ist.«

Auf einige scherzhafte Bemerkungen des Astronomen fuhr Wilhelm fort: »Wir werden diese Gläser so wenig als irgendein Maschinenwesen aus der Welt bannen, aber dem Sittenbeobachter ist es wichtig, zu erforschen und zu wissen, woher sich manches in die Menschheit eingeschlichen hat, worüber man sich beklagt. So bin ich z. B. überzeugt, daß die Gewohnheit, Annäherungsbrillen zu tragen, an dem Dünkel unserer jungen Leute hauptsächlich schuld hat.«

Unter diesen Gesprächen war die Nacht weit vorgerückt, worauf der im Wachen bewährte Mann seinem jungen Freunde den Vorschlag tat, sich auf dem Feldbette niederzulegen und einige Zeit zu schlafen, um alsdann mit frischerem Blick die dem Aufgang

der Sonne voreilende Venus, welche eben heute in ihrem voll-
endeten Glanze zu erscheinen verspräche, zu schauen und zu
begrüßen.

*Wilhelm Meisters Wanderjahre*, 1. Buch, 10. Kapitel

## Politisches Handeln ist gemeinsames Tätigsein

Handeln, Tätigsein sind gesellschaftliche Bestimmungen
des Menschen, und Goethe hat, wie kaum ein Zweiter, sich
immer gesellschaftlich verstanden in dem Sinne, daß er alle
»Originalität« seiner enormen wissenschaftlichen und
poetischen Produktivität leugnete und sich als »Kollektiv-
wesen« bezeichnete, das die Erfahrungen, Erkenntnisse
und das Wissen so vieler unzähliger anderer aufgenommen
und verarbeitet habe: »Wir sind Originale nur, weil wir
nichts wissen« – das mag mit einem Schuß von ironischer
Bescheidenheit gesagt sein, ist aber doch sehr ernst gemeint. »Wissen« aber ist immer Erfahrungswissen, die eigene »Bildung« das Ergebnis von Tätigkeit, dem »ersten
und letzten am Menschen«, und Leitbegriff der beiden
Teile des »Wilhelm Meister«. Nicht nur gehört zur ge-
glückten Existenz des Einzelnen das Ergreifen seiner Rolle
als Bürger eines Gemeinwesens, sondern das Gemeinwesen selbst darf ideell verstanden werden als das Abbild
der Produktivität des All-Einen, des Göttlichen: »Die leb-
hafte Handelsstadt, in der er (Wilhelm Meister) sich be-
fand, gab ihm [...] den anschaulichsten Begriff eines großen Mittelpunctes, woher alles ausfließt und wohin alles
zurückkehrt, und es war das erstemal, daß sein Geist im
Anschauen dieser Art von Thätigkeit sich wirklich ergötz-
te.« »Dieser Art« deutet normativ darauf hin, daß das
Handeln sich immer als gesellschaftlich-nützlich und ein-

gebunden verstehen muß: Diktatorisches Handeln wie das Fausts – »ein Geist genügt für tausend Hände« – führt zur Zerstörung des Gemeinschafts-»Werks«: »Unbedingte Thätigkeit, von welcher Art sie sei, macht zuletzt bankerott«, heißt es in den »Maximen und Reflexionen«. Solche »unbedingte Tätigkeit« ist die Folge davon, daß Menschen das Vertrauen auf einen sie und die Welt tragenden Grund verlieren oder aufkündigen. Das Gegenteil der Unterwerfung unter den Willen einer politischen Führung ist die Gemeinschaftskunst: Wirken wir gemeinsam handelnd in dieser Welt und verändern sie, so verändern auch wir uns und geben unserer »entelechischen Monade« eine gesteigerte Qualität. Die Verbesserung der Welt, der gesellschaftliche »Fortschritt«, ist eine reale Möglichkeit, wenn auch keine im Handeln selbst bereits angelegte Garantie. Sie kann – vorübergehend und immer prekär – gelingen, wenn sie vom Bewußtsein der überdauernden Sinnhaftigkeit des Kosmos inspiriert ist, von der Gewißheit eines den Menschen und die Welt tragenden Grundes – bei gleichzeitigem Verzicht auf Selbstverwirklichung und individuelle Bestätigung, auf Ruhm, Größe und Macht. In der »Weltseele« aufzugehen ist das Produktivste, das dem handelnden Menschen gelingen kann, »daß unser tätigster, einzelner Anteil innerhalb dem Wohl des Ganzen völlig verschwinde«. (Rezension 1821) Solche Haltung des Zusammenwirkens ermöglicht auch gesellschaftlichen »Dauer im Wechsel«, Ordnung ohne Erstarrung, Lebendigkeit statt Zerfall ins Chaos, ins »Nichts«.

Die Gewißheit eines solchen Vertrauens, für Goethe eine verifizierte und prinzipiell immer wieder verifizierbare Erfahrung, läßt sich allerdings nur poetisch artikulieren. Einige Tage nach der Niederschrift von »Eins und Alles« schrieb er dazu (an Friedrich Wilhelm Riemer, 28. Oktober 1821): »Diese Strophen enthalten und manifestieren vielleicht das Abstruseste der modernen Philosophie. Ich werde selbst fast des Glaubens, daß es der Dichtkunst vielleicht allein gelingen könnte, solche Geheimnisse gewissermaßen auszudrücken, die in Prosa gewöhnlich absurd erscheinen, weil sie sich nur in Widersprüchen ausdrücken lassen, welche dem Menschenverstand nicht einwollen.«

*Eins und Alles (1823)*

Im Grenzenlosen sich zu finden
Wird gern der Einzelne verschwinden,
Da löst sich aller Überdruß;
Statt heißem Wünschen, wildem Wollen,
Statt läst'gem Fordern, strengem Sollen,
Sich aufzugeben ist Genuß.

Weltseele komm uns zu durchdringen!
Dann mit dem Weltgeist selbst zu ringen
Wird unsrer Kräfte Hochberuf.
Teilnehmend führen gute Geister,
Gelinde leitend, höchste Meister,
Zu dem der alles schafft und schuf.

Und umzuschaffen das Geschaffne,
Damit sich's nicht zum Starren waffne,
Wirkt ewiges lebendiges Tun.
Und was nicht war, nun will es werden
Zu reinen Sonnen, farbigen Erden,
In keinem Falle darf es ruhn.

Es soll sich regen, schaffend handeln,
Erst sich gestalten, dann verwandeln;
Nur scheinbar steht's Momente still.
Das Ewige regt sich fort in allen:
Denn alles muß in Nichts zerfallen,
Wenn es im Sein beharren will.

## Was sollen wir tun?

Die »Gemeinschaftskunst«, das heißt die bewußte Gestaltung des Zusammenlebens in Gesellschaft mit dem Ziel und Zweck der gegenseitigen Steigerung aller menschlichen Kreativität, der Ausbildung möglichst vieler Fähigkeiten, vor allem aber die Schaffung einer als gerecht und darum »gut« akzeptierten Ordnung als Bedingung der Möglichkeit von Tugend und »Bürgerlichkeit« war für den späteren Kulturraum Europa eine Erfindung der griechischen Polis. Auf ihren Bühnen gaben die Dichter der Entdeckung der herausfordernden, angsteinflößenden und zugleich großartigen Verantwortung des Polis-Bürgers für die Geschicke des Gemeinwesens ihre Stimme. »Ungeheuer ist viel. Doch nichts / ungeheurer als der Mensch«, ruft uns der Bürgerchor der »Antigone« des Sophokles in Erinnerung. »Vom Weisen etwas, und das Geschickte der Kunst / mehr, als er hoffen kann, besitzend, / kommt er einmal auf Schlimmes, dann wieder zu Gutem.« Er allein kann zwischen gut und böse unterscheiden, er allein kann tugendhaft handeln – oder auch nicht, er allein kann wissen – oder sich dem Wissen verschließen, er allein kann ein Bewußtsein von Transzendenz haben, eine Ahnung zumindest von »unbekannten höhern Wesen«, die er dadurch beglaubigt, daß er selbst »edel, hilfreich und gut« ist – so wie in Lessings berühmter »Ringparabel« die guten Werke den Beweis der Echtheit des Ringes, der wahren Religion erbringen.

Goethes imperativ auftretendes Appellgedicht »Das Göttliche« steht in jener sophokleischen Polistradition des normativ an die Sphäre der Götter geknüpften Politischen. Zwar ist hier von Gesellschaft und gesellschaftlichem Tun direkt insofern nicht die Rede, als ganz generell

und unspezifisch »der Mensch« als Protagonist angesprochen, also nicht eine besondere Verantwortung der Privi-
legierten, der Regierenden, der politischen Klasse o.ä. eingeklagt und behauptet und ebensowenig »das Nützliche,
Rechte« auch nur andeutungsweise spezifiziert wird (weshalb man zu Recht darauf hinweisen darf – Conrady –, daß
»solche Verse als Feierstundensprüche abgenutzt werden
können«), auch scheint die »sittlich günstige Wirkung«
der Natur auf die Menschen hier eindeutig geleugnet zu
werden – Widersprüche und Paradoxien gehören immer
zum geistigen Kosmos Goethes –, aber die geahnten »höhern Wesen« sind doch etwas mehr und anderes als bloße
Projektionen irdischer Interessen, wie es eine materialisti-
sche Religionsinterpretation behaupten würde: Sie machen es letztlich möglich, daß der Mensch über sich selbst
hinauswachsen kann, weil er mehr ist als ein sich blind im
kleinen Kreis seines materiellen Lebens drehendes Wesen.
Kants dritte Frage – »was können wir wissen, was sollen
wir tun, was dürfen wir hoffen?« – umschreibt Goethe hier
mit dem Verweis auf das von jeder/m und unter jeweils
spezifischen historischen Umständen anders konkretisier-
bare »Ahnen«: »Schauen, Wissen, Ahnen, Glauben« sind
nach seinem Zeugnis »die Fühlhörner [...] mit denen der
Mensch ins Universum tastet.« (Brief an v. Buttel, 3. Mai
1827) Das Universum, diese Metapher für das Transzen-
dent-Unbekannte und doch Wirkliche einer »Welt« außerhalb und jenseits unseres Sonnensystems und aller anderen
bekannten und unbekannten Sonnensysteme ist der spiri-
tuelle Raum, in dem sich die von uns bewohnte und uns
anvertraute Erde ebenso bewegt, wie hier die »geahndeten
Wesen« wohnen, auf deren Existenz der ›unermüdet das
Nützliche und Rechte schaffende edle Mensch‹ als ihre
»Präfiguration« (E. Trunz) verweist.

*Das Göttliche (1783)*

Edel sei der Mensch,
Hülfreich und gut!
Denn das allein
Unterscheidet ihn
Von allen Wesen,
Die wir kennen.

Heil den unbekannten
Höhern Wesen,
Die wir ahnen!
Ihnen gleiche der Mensch;
Sein Beispiel lehr uns
Jene glauben.

Denn unfühlend
Ist die Natur:
Es leuchtet die Sonne
Über Bös' und Gute,
Und dem Verbrecher
Glänzen wie dem Besten
Der Mond und die Sterne.

Wind und Ströme,
Donner und Hagel
Rauschen ihren Weg
Und ergreifen,
Vorübereilend,
Einen um den andern.

Auch so das Glück
Tappt unter die Menge,
Faßt bald des Knaben
Lockige Unschuld,
Bald auch den kahlen
Schuldigen Scheitel.

Nach ewigen, ehrnen,
Großen Gesetzen
Müssen wir alle
Unseres Daseins
Kreise vollenden.

Nur allein der Mensch
Vermag das Unmögliche:
Er unterscheidet,
Wählet und richtet;
Er kann dem Augenblick
Dauer verleihen.

Er allein darf
Den Guten lohnen,
Den Bösen strafen,
Heilen und retten,
Alles Irrende, Schweifende
Nützlich verbinden.

Und wir verehren
Die Unsterblichen,
Als wären sie Menschen,
Täten im Großen,
Was der Beste im Kleinen
Tut oder möchte.

Der edle Mensch
Sei hülfreich und gut!
Unermüdet schaff' er
Das Nützliche, Rechte,
Sei uns ein Vorbild
Jener geahneten Wesen!

## Glauben und Unglauben

Wiederum in einem Brief (an Carl Jacob Ludwig Iken, 27. September 1827) gibt Goethe »wegen anderer dunkler Stellen in früheren und späteren Gedichten« zu bedenken: »Da sich gar manches unserer Erfahrungen nicht rund aussprechen und direkt mitteilen läßt, so habe ich seit langem das Mittel gewählt, durch einander gegenübergestellte und sich gleichsam ineinander abspiegelnde Gebilde den geheimen Sinn dem Aufmerkenden zu offenbaren. Da alles, was von mir mitgeteilt worden, auf Lebenserfahrung beruht, so darf ich wohl andeuten und hoffen, daß man meine Dichtungen auch wieder erleben wolle und werde. Und gewiß, jeder meiner Leser findet es an sich selbst, daß ihm von Zeit zu Zeit bei schon im allgemeinen bekannten Dingen noch im besonderen etwas Neues erfreulich aufgeht, welches denn ganz eigentlich uns angehört [...]« Von dieser »Regel«, es dem aufmerkenden Leser oder der Leserin zu überlassen, den »geheimen Sinn« in der indirekten Redeweise der Poesie zu erkennen, gibt es eine große Ausnahme: Der Sammlung des »West-östlichen Divan« gibt der Dichter »Noten und Abhandlungen zum besseren Verständnis« bei – Historisch-Politisches vor allem, das zwar den im allgemeinen als unbekannt zu vermutenden kulturgeschichtlichen Hintergrund persischer Lyrik des großen Hafis vor allem erläutert und darlegt, aber diese Zusammenhänge gleichzeitig immer ins Grundsätzliche und Prinzipielle hinein vertieft und erweitert. Dabei diskutiert Goethe nicht nur Islam und Christentum, Koran und Bibel, sondern spricht auch das umfassendere Thema der Religiosität an – mit einer vergleichsweise knappen, apodiktischen Zuspitzung, die man eher einen Aphorismus nennen muß, der aber doch vor dem Hintergrund seiner sehr zurückhaltenden eigenen Umschreibungen für »Gott« oder »das Göttliche« bemerkenswert direkt formuliert ist. Er hat ganz den Charakter einer geschichtsphilosophischen Aussage, eine Art Scheidewasser zur Bewertung historischer Epochen. Und wir würden gewiß nicht ein an Goethe orientiertes Erkenntnisinteresse unangemessen strapazieren, wenn wir nach diesem Kriterium auch heutige – und normativ auch zu entwickelnde zukünftige – Gesellschaftsformationen zu beurteilen unternähmen:

> Das eigentliche, einzige und tiefste Thema der Welt- und Menschengeschichte, dem alle übrigen untergeordnet sind, bleibt der Conflict des Unglaubens und Glaubens. Alle Epochen, in welchen der Glaube herrscht, unter welcher Gestalt er auch wolle, sind glänzend, herzerhebend und fruchtbar für Mitwelt und Nachwelt. Alle Epochen dagegen in welchen der Unglaube, in welcher Form es sey, einen kümmerlichen Sieg behauptet, und wenn sie auch einen Augenblick mit einem Scheinglanze prahlen sollten, verschwinden vor der Nachwelt, weil sich niemand gern mit Erkenntniß des Unfruchtbaren abquälen mag. (Divan, FA, S. 230)

Das große Projekt »Europa« etwa steht vor genau diesem Scheidewege: ob es mehr und anderes als eine »seelenlose«, sprich: bürokratisch-militärisch-ökonomische Zweckkonstruktion ist, ob es diese (als solche zunächst nicht unbedingt verwerflichen) Interessen zu transzendieren vermag zugunsten einer historisch fundierten Selbstvergewisserung im Glauben an eine zivilisierende Vision, die nicht zuletzt die Konsequenzen aus den Manifestationen extremen »Unglaubens« der jüngeren Geschichte unserer Gegenwart zieht. George Steiner deutete die durch geistige Anstrengung mögliche – aber schon fast wieder verspielte – Perspektive der Rekonstruktion einer derartigen »Gestalt des Glaubens« aus dem tiefen Fundus

der griechischen Mythologien an. Und: »In dem Projekt
einer europäischen Konföderation, die die Grenzen des
Hasses beseitigt und Europa als die bedeutende Quelle
moralischen und intellektuellen Lebens in der westlichen
Welt erneut bestätigt, ist das Heilige Römische Reich das
Vorbild. Troja sollte in Rom wiedergeboren werden. Rom
sollte in dem neuen Rom des Petrus wiedergeboren werden. Das Grab Karls des Großen war zum Schauplatz für
die Wahl eines Heiligen Römischen Kaisers geworden,
dessen Herrschaft sich von Lissabon bis Warschau, von
Messina bis Brüssel erstrecken sollte. Im Jahre 1945 nah-
men solche goldenen Sagen und Phantome für Augenblik-
ke Gestalt an. Heute, im Rückblick, sehen wir, daß [...]
das ›Europa‹, das 1945 in Straßburg ins Sein hätte treten
können, bestenfalls in eine aufgeblasene Bürokratie ver-
wandelt worden ist [...]. Was für ein neuer Mythos könnte
unserem europäischen Sein einen lebenden Spiegel vorhal-
ten? [...] Nur eine große Geschichte [in der Sprache der
Poesie, wie Goethe gewußt hatte; E. K.] könnte vielleicht
dazu beitragen, uns zur Wahrheit zu führen. Sie könnte
von einer Frau gesungen werden oder sogar von einem
Kind. Der Gott wird zuhören.« (Salzburger Festspiele,
1994)

## Ministerrede über Gemeinschaftskunst

Der Minister Goethe hat nur eine öffentliche politische
Rede gehalten: 1784 zur Wiedereröffnung des Ilmenauer
Bergbaus, für den er nicht nur amtlich zuständig, sondern
der für ihn auch eine Angelegenheit von paradigmatischer
Bedeutung war. Der Text will zusammen mit seinem Vor-
text gelesen sein, weil der sorgfältig inszenierte äußere

Rahmen Teil dieser Rede ist, deren unter einer scheinbar glatten und konventionellen Oberfläche verborgene Bedeutung Gottfried Benn in seinem mehr denn je aktuellen Beitrag zum Goethe-Jahr 1932, »Goethe und die Naturwissenschaften«, vielleicht als erster in seiner grundsätzlichen, politischen Bedeutung erkannt hat: »Was ist das für eine Stimme, treten wir einen Augenblick zu den Bergleuten, hören wir ihr zu, sie erläutert sich selbst: ›*Ich freue mich mit einem jeden, der heute sich zu freuen die nächste Ursache hat, ich danke einem jeden, der an unserer Freude auch nur entferntesten Anteil nimmt.*‹ Das ist doch die Stimme des Erzvaters vor der Hütte, der die Herden ruft, die Silhouette des Hirten steht am Abendhimmel.«

*Nachricht*
*von dem am 24sten Februarii 1784 geschehenen feierlichen*
*Wiederangriff des Bergwerks zu Ilmenau*

Die für alle gemeinnützige Landesanstalten wirksame Vorsorge Sr. Hochfürstlichen Durchlaucht zu Sachsen-Weimar und -Eisenach hatte nicht sobald den Überrest der äußern Bedenklichkeiten gehoben, die sich dem Ilmenauer Bergbau entgegensetzten, als sie zu seinem wirklichen Angriff Befehl ergehen ließ. Denn auch das öffentliche Zutrauen gegen diesen Bergbau hatte so viel Teilnahme an dessen neuer Gewerkschaft zuwege gebracht, daß dieser Zeitpunkt nicht weiter entfernt bleiben sollte.

Es war der 24. Februar 1784, an welchem die zu Dirigierung der Ilmenauer Bergwerksangelegenheiten, in der Person des Herrn Geheimenrats *von Göthe* und des Herrn Regierungsrats *Voigt* gnädigst angeordnete Immediatkommission jenen landesväterlichen Befehl zur wirklichen Ausführung brachte.

Als sich dieses Tages die zu Ilmenau wohnhaften Personen von Stande, geistliche und weltliche Honoratioren, bei den Herren

Kommissarien früh versammelt hatten, auch die sämtliche Berg-
knappschaft mit fliegender Bergfahne von ihren Vorgesetzten
herangeführt worden war, eröffnete der Herr Geheimerat *von
Göthe* den Zweck des Tags in einer Rede, die nicht ohne sicht-
baren Eindruck blieb. Hierauf begab sich die ganze Versamm-
lung zu einem feierlichen Gottesdienst in die Kirche. Nach dessen Schluß zog man unter Trompeten- und Paukenschall nach
dem neu anzugreifenden Schacht. Außer der schon bemerkten
Begleitung folgten die Bürger und die Jugend der Stadt in guter
Ordnung dahin nach. Den abgesteckten Platz des *neuen Johan-
nes* (so wurde der neue Schacht benennet) zeichnete ein grüner
Schirm von Tannen aus. Es wurde ein Kreis um ihn geschlossen.
Der Herr Berggeschworne, *Schreiber*, präsentierte itzt eine
zierlich gearbeitete bergmännische Keilhaue, womit der Herr
Geheimerat *von Göthe*, den ersten Hieb vollbrachte. Ein drei-
maliges Glückauf! ertönte hierbei von der anwesenden Menge. –
Noch gab der Anblick eines fröhlichen Knaben, der die Kinder-
fahne trug, Gelegenheit auch ihn, namens sämtlicher Jugend, die
Keilhaue zu Beschluß des ersten Anhiebs reichen zu lassen, damit
das Andenken des hoffnungsvollen Tages sich noch mehr in
den Herzen der Jugend befestigen, und so der Eifer für das wichtige Bergwerk auf die Nachkommenschaft fortgepflanzt werden
möge.

### Rede
#### bei Eröffnung des neuen Bergbaues zu Ilmenau
#### Den 24sten Februar 1784.

Nach einer alten löblichen Gewohnheit feierten die hiesigen
Bergleute jährlich diesen Tag. Sie zogen versammlet zu dem Got-
tesdienste mit stiller Hoffnung und frommen Wünschen, daß
dereinst die Vorsicht an diesen Ort das Leben und die Freude
voriger Zeiten wieder zurückführen werde. Heute aber kommen
sie mit herzlicher Munterkeit und einem fröhlichen Zutrauen,
uns zu dem angenehmsten Gange abzuholen; sie finden uns be-

reit und eine Anzahl für den Bergbau wohlgesinnter Männer hier versammlet, die uns auf diesem Wege zu begleiten geneigt sind. Ich freue mich mit einem jeden, der heute sich zu freuen die nächste Ursache hat, ich danke einem jeden, der an unsrer Freude auch nur entferntern Anteil nimmt.

Denn endlich erscheint der Augenblick, auf den diese Stadt schon beinahe ein halbes Jahrhundert mit Verlangen wartet, dem ich selbst seit acht Jahren, als so lange ich diesen Landen angehöre, mit Sehnsucht entgegensehe. Das Fest, das wir heute feiern, war einer der ersten Wünsche unsers *gnädigsten Herrn* bei dem Antritte *Seiner* Regierung, und wir freuen uns um des guten Herrn, so wie um des gemeinen Besten willen, daß auch dieser *Sein* Wunsch endlich zur Erfüllung kommt.

Wer die Übel kennt, welche den ehemaligen Bergbau zu Grunde gerichtet; wer von den Hindernissen nur einigen Begriff hat, die sich dessen Wiederaufnahme entgegen setzten, sich gleichsam als ein neuer Berg auf unser edles Flöz häuften, und, wenn ich so sagen darf, es in eine noch größre Tiefe druckten: der wird sich nicht wundern, daß wir nach so vielen eifrigen Bemühungen, nach so manchem Aufwande erst heute zu einer Handlung schreiten, die zum Wohl dieser Stadt und dieser Gegend nicht früh genug hätte geschehen können. Er wird sich vielmehr wundern, daß es schon heute geschieht. Denn wie viele sind nicht, die es für unmöglich gehalten haben, daß man dieses Werk wieder werde aufnehmen, daß man diesen Bergbau wieder in Umtrieb werde setzen können. Und nicht ganz ohne Wahrscheinlichkeit. Denn belebte unsern *gnädigsten Herrn* nicht ein anhaltender, unermüdeter Eifer für jede nützliche Anstalt; hätten die höchsten Herren Teilhaber durch eine gefällige Beistimmung das Geschäfte nicht erleichtert; wären die Kunstverständigen, die wir um Rat gefragt, nicht so aufgeklärte und gleich Freunden an dem Werke teilnehmende Männer, wäre man durch Verzögerungen ermüdet worden: so könnten wir unsern Weg auch gegenwärtig noch nicht zusammen antreten.

Doch *Glückauf!* Wir eilen einem Platze zu, den unsere Vorfahren

sich schon ausersehen hatten, um daselbst einen Schacht nieder-
zubringen. Nicht weit von dem Orte, den sie erwählten, an einem
Punkte, der durch die Sorgfalt unsers Geschwornen bestimmt ist,
denken wir heute einzuschlagen und unsern neuen *Johannis-
schacht* zu eröffnen. Wir greifen ihn mit Beistimmung der ver-
ständigsten Kenner aller Zeiten an und befolgen einen durch
Jahrhunderte vernachlässigten guten Rat. Denn man sah von
jeher, selbst da noch das Sturmheyder Werk im Umtriebe war,
diesen Schacht für unentbehrlich an; man wollte mit demselben
dem Flöze in einem tiefern Punkte beikommen, den alten Bergbau, der fehlerhaft aus dem Höchsten ins Tiefste ging, verbessern
und ihm Dauer auf die Folge geben. Auch als das Sturmheyder
Werk sich seinem Untergange näherte, erkannte man diesen
Schacht für das einzige Rettungsmittel des ohne Rettung verlor-
nen Werkes. Nunmehr aber, da wir jene ersoffne abgebaute Tiefen den Wassern und der Finsternis auf immer überlassen, soll er
uns zu einem neuen, frischen Felde führen, wo wir gewisse,
unangetastete Reichtümer zu ernten hoffen können.

Lassen Sie uns also die geringe Öffnung, die wir heute in die
Oberfläche der Erde machen werden, nicht mit gleichgiltigen
Augen ansehen: lassen Sie uns die ersten Hiebe der Keilhaue
nicht als eine unbedeutende Zeremonie betrachten! Nein, wir
wollen vielmehr die Wichtigkeit dieser Handlung lebhaft empfinden, uns herzlich freuen, daß wir bestimmt waren sie zu be-
gehen und Zeugen derselben zu sein.

Dieser Schacht, den wir heute eröffnen, soll die Türe werden,
durch die man zu den verborgenen Schätzen der Erde hinab-
steigt, durch die jene tiefliegende Gaben der Natur an das Tages-
licht gefördert werden sollen. Wir selbst können noch, wenn es
uns Gott bestimmt hat, da auf- und niederfahren und das, was
wir uns jetzt nur im Geiste vorstellen, mit der größten Freude vor
uns sehen und betrachten. *Glückauf* also, daß wir soweit gekommen sind!

Nun sei aber auch unsre Vorsicht und unser Eifer bei dem An-
griffe des Werks dem Mute gleich, mit welchem wir dazu gehen.

Denn es ist gewiß, daß nunmehr die Schwierigkeiten der Ausführung uns erst fühlbar werden müssen. Ich bin von einem Jeden, der bei der Sache angestellt ist, überzeugt, daß er das Seine tun wird. Ich erinnere also niemanden mit weitläuftigen Worten an seine Pflicht; ich schildre nicht das Unheil, das nachlässige und untreue Beamte dem alten Werke zugezogen haben. Ich will und kann das Beste hoffen. Denn welcher innerliche Trieb wird nicht aufgemuntert werden, wenn wir bedenken, daß wir im Stande sind zum Wohl dieser Stadt, ja eines Teils dieser Gegend, vieles mit leichter Mühe zu wirken; daß Glück und Ruf eines so vortrefflichen, so vernachlässigten Werkes von unserm Betragen abhängt, und daß wir alle Bewohner der Staaten unsers Fürsten, unsre Nachbarn, ja einen großen Teil von Teutschland zu Beobachtern und Richtern unsrer Handlungen haben werden. Lassen Sie uns alle Kräfte vereinigen, damit wir dem Vertrauen genug tun, das unser *gnädigster Herr* auf uns gesetzt hat, der Zuversicht, womit so viele Gewerken eine ansehnliche Summe Geldes in unsre Hände legen. Möge sich zu diesem schönen und guten Zwecke das ganz hiesige Publikum mit uns vereinigen!

Ja, meine Herren, auch Sie werden es tun. Ein jeder Ilmenauer Bürger und Untertan kann dem aufzunehmenden Bergwerke nutzen und schaden. Jede neue Anstalt ist wie ein Kind, dem man mit einer geringen Wohltat forthilft, für die ein Erwachsener nicht danken würde, und so wünsche ich, daß ein jeder die unsrige ansehen möge. Es tue ein jeder, auch der Geringste, dasjenige was er in seinem Kreise zu dessen Beförderung tun kann, und so wird es gewiß gut gehen. Gleich zu Anfange, jetzo meine Herren, ist es Zeit dem Werke aufzuhelfen, es zu schützen, Hindernisse aus dem Weg zu räumen, Mißverständnisse aufzuklären, widrige Leidenschaften zu unterdrücken und dadurch zu dem gemeinen Besten mitzuwirken. Kommt dereinst der Bergbau in einen lebendigern Umtrieb, wird die Bewegung und Nahrung dadurch in diesen Gegenden stärker, erhebt sich die Stadt Ilmenau wieder zu ihrem alten Flor, so kann ein jeder, er sei wer er wolle, er habe viel oder wenig getan, zu sich sagen: Auch ich bin nicht müßig geblieben, auch ich habe mich dieses Unternehmens, das nunmehr zu einer männlichen Stärke gereift ist, als es noch ein Kind war liebreich angenommen, ich habe es nähren, schützen, erziehen helfen, und es wird nun zu meiner Freude auf die Nachkommenschaft dauern! Ja, möge uns diese Nachkommenschaft für das, was wir von heute an tun werden, segnen, und die unsrigen diesen Segen genießen! – Und nun wollen wir nicht länger verweilen, sondern uns einem Orte, auf den alle unsre Wünsche gegenwärtig gerichtet sind, nähern, vorher aber noch in dem Hause des Herrn einkehren, des Gottes, der die Berge gegründet, die Schätze in ihre Tiefe verborgen und dem Menschen den Verstand gegeben hat, sie an das Licht des Tages hervorzubringen. Lassen Sie uns ihn bitten, daß er unserm Vorhaben beistehe, daß er uns bis in die Tiefe begleite, und daß endlich das zweideutige Metall, das öfter zum Bösen als zum Guten angewendet wird, nur zu seiner Ehre und zum Nutzen der Menschheit gefördert werden möge. – Wenn es Ihnen gefällig ist, wollen wir gehen.

Ebenso wichtig ist Goethes Hinweis – und seine konkrete Praxis –, Natur und Gesellschaft immer zusammen zu denken. Das Interesse an der Natur, die wissenschaftliche Neugier auf die Erkenntnisse der Erdgeschichte, wird nicht getrennt von der gleichzeitigen Sorge um das Wohlergehen der Menschen auf dieser Erde und ihrem Recht auf Arbeit und auf die Produkte dieser Natur. Man bedenke in solcher Perspektive den Brief an Frau von Stein, Ilmenau, 7. September 1780, also auf halbem Wege zwischen der ersten Begegnung mit dem Bergbau und der Eröffnung von 1784: »Wir sind auf die hohen Gipfel gestiegen und in die Tiefen der Erde eingekrochen und möchten gar gern der großen formenden Hand nächste Spuren entdecken. Es kommt gewiß noch ein Mensch, der darüber klar sieht. Wir wollen ihm vorarbeiten. Wir haben recht

schöne, große Sachen entdeckt, die der Seele einen
Schwung geben und sie in der Wahrheit ausweiten. Könnten wir nur auch bald den armen Maulwürfen von hier
Beschäftigung und Brot geben.« Die fürsorgliche Verantwortung für die »armen Maulwürfe« ist eben nicht nur ein
Nachgedanke, sondern sie entspringt einerseits dem
selbstgesetzten Ziel, mit dem Goethe in die weimarische
Regierung eingetreten war, nämlich ›Untertanen glücklich
zu machen‹, andererseits – und das ist die wichtige, »moderne« gedankliche Verbindung – steht diese Sorge um die
materiellen Lebensbedingungen der Menschen in engem
und unmittelbarem Zusammenhang mit der Naturer-
kenntnis und, so dürfen wir aus dem Gesamtzusammenhang Goethescher Welt-Anschauung hinzufügen, mit der
›Naturbehandlung‹ durch Wissenschaft und Technik. Insofern spricht hier in der Tat eine Stimme, die ihre Wahrheit aus älteren, tieferen Schichten unserer historischen
Existenz bezieht. Derselbe Minister, der mit größter juri-
stischer, geologischer und technologischer Sachkompetenz
vor seine Aktionäre, die »Gewerken«, treten konnte, die
schließlich »eine ansehnliche Summe Geldes« in das von
ihm verantwortete Unternehmen gesteckt hatten (es gab
nach 1784 regelmäßige ›Rundbriefe‹ mit Berichten über
den Stand des Unternehmens), sowie mehrere Aktionärs-
versammlungen, die »Gewerkentage«, auf denen Goethe
– z. B. 1791 und 1793 – Rechenschaft ablegte), der konnte
gleichzeitig (1785) an den Freund Jacobi aus Ilmenau
schreiben: »Hier bin ich auf und unter Bergen, suche das
Göttliche in *herbis et lapidibus.*«

Von der Natur ist in der Eröffnungsrede offensichtlich
nur am Rande die Rede – und doch ist die Bezeichnung der
zu fördernden Erze als »Gaben der Natur« nicht als leere
Floskel zu lesen und zu verstehen, vielmehr wörtlich zu

nehmen. Auf eine Gabe hat man bekanntlich keinen Anspruch, kein Recht – sie ist ein Geschenk, etwas, das man
sozusagen unverdient erhält. Und so eben verhält es sich
mit den in den Tiefen der Berge verborgenen Schätzen, die
zu bergen Gott uns »den Verstand gegeben hat« – auch er
keine autonome Errungenschaft des Menschen, sondern
wiederum eine uns anvertraute und darum in der Verwen-
dung/Anwendung von uns zu verantwortende Gabe. Sowohl was wir mit unserem Verstand anstellen als auch was
wir aus dem zu fördernden Erz – beides Gaben – machen,
das haben wir zu verantworten. Die »Gaben der Natur«
sind im übrigen (worauf mich Leo Kreutzer bei einer kri-
tischen Lektüre dieses Textes aufmerksam machte, wofür
ihm an dieser Stelle herzlich gedankt sei) eine direkt von
den Physiokraten übernommene Formel: In der Physiokra-
tie, der ersten bürgerlichen Wirtschaftstheorie, waren in
den »dons de la nature« Ökonomie und Ökologie, d. h.
der Nutzen, den die Menschen aus der Naturverarbeitung
ziehen sollten, und ein organisch-inniges Naturverhältnis
noch zusammengedacht und »Wirtschaft« nicht auf die
bloße Maximierung von Profit reduziert worden. »Verantwortung« ist seitdem ein volkswirtschaftliches Fremdwort
geworden und mußte erst mühsam in den siebziger und
achtziger Jahren des letzten Jahrhunderts wiederentdeckt
werden, ohne jedoch wirklich ernst genommen zu werden.

Und das hat natürlich auch konkrete politische Implika-
tionen. Denn Goethe möchte, womit die Rede bedeutungs-
voll schließt, »daß endlich das zweideutige Metall, das
öfter zum Bösen als zum Guten angewendet wird, nur zu
seiner Ehre und zum Nutzen der Menschheit gefördert
werden möge«. Was Goethe als Vorsitzender der Kriegs-
kommission durchsetzte, nämlich die Abrüstung des Fürstentums Weimar (so vergleichsweise gering im quantita-

tiven Vergleich das auch war), das erhoffte er sich auch von dem zu gewinnenden Erz: keine Kanonen. Und: es sollte nicht um des egoistischen Nutzens des Herzogtums Weimar willen gefördert werden, sondern »zum Nutzen der Menschheit« – will sagen, daß ein ökonomischer Gewinn des kleinsten der Teile im weltgesellschaftlichen Ganzen, Ilmenaus oder auch Weimars, ein Beitrag zum Wohle des Weltganzen, »der Menschheit« sei, wenn ebendieser Gewinn nicht aus dem Schaden anderer gezogen werde.

Aber das eigentliche Thema der Rede ist das Politische, so wie Goethe es versuchte, alt-neu zu bestimmen, selbst zu praktizieren und dem Herzog – nehmen wir ihn als Repräsentanten der damaligen (wie als Vertreter der heutigen) politischen Klasse, die gewohnt ist an eine Herrschaft ›von Menschen über Menschen‹ – nahezulegen. In einem Brief vom November 1784 formulierte er für diesen (wie für unsere heutigen Regierenden) seine Maxime politischen Handelns: »Man muß Hindernisse wegnehmen, Begriffe aufklären, Beyspiele geben, alle Theilhaber zu interessiren suchen, das ist freylich beschwerlicher als befehlen, indessen die einzige Art... zum Zweck zu gelangen und nicht verändern wollen sondern verändern.« Politisches Handeln heißt, die Sache selbst – hier das Projekt eines allen Mitgliedern der Gesellschaft gleichermaßen dienlichen Unternehmens – selbstlos zu befördern, ohne auf den eigenen Vor- oder Nachteil zu achten, heißt, das Interesse des Ganzen, der Gemeinschaft der Arbeitenden, obenan zu stellen. Und so finden wir den Appell, den er im November 1784 an den regierenden Fürsten richtete, in nahezu identischer Formulierung in der Eröffnungsrede vom Februar desselben Jahres bereits vor, wobei hier der Adressat »ein jeder Ilmenauer Bürger und Untertan« ist. Der Fürst ist zwar privilegiert aufgrund seiner Stellung und seiner Machtposition, aber die Ethik des Politischen, den Menschen, dem ›Volke‹, den Bürgern zu dienen, die gilt für alle gleichermaßen: »Hindernisse aus dem Weg zu räumen, Mißverständnisse aufzuklären, widrige Leidenschaften zu unterdrücken und dadurch zu dem gemeinen Besten mitzuwirken.« Goethe war ein Aufklärer – Politik, politisches Handeln ist nach seinem Verständnis auch und vor allem Aufklärung, Überzeugungsarbeit zu leisten, um dadurch die bewußte Mitwirkung aller am Gemeinwesen und am Gemeinwohl zu fördern. »Es tue ein jeder, auch der Geringste, dasjenige, was er in seinem Kreise zu dessen Beförderung tun kann und so wird es gewiß gut gehen.« Partizipation, Beteiligung am Gemeinwesen, Verantwortung übernehmen für konkrete Gemeinschaftsaufgaben – darin zeigt sich die wahre Demokratie (Goethe war, nach den landläufigen Kriterien der politischen Lager seiner Zeit wie auch nach den Begriffen heutiger politologischer Ideologie, kein »Demokrat«), nicht, oder nur äußerlich und oberflächlich, in Wahlen und Abstimmungen, in Parteienbildung und Parlamentarismus. »Das ist noch einmal die Stimme der Polis, der Feste und der Epen, die Stimme der Stätten vor der Mauer, die Stimme der Quelle und des Grabes«, evozierte Gottfried Benn diese »Große Instanz« Goethe. Diese »Stimme der Polis«, so hatte der Redner gehofft, würde weit über die Grenzen der »Polis Weimar« hinaus gehört werden, da wir »unsere Nachbarn, ja einen großen Teil von Deutschland zu Beobachtern und Richtern unsrer Handlungen haben werden«.

Goethe hat sich in dieser Erwartung ganz offensichtlich getäuscht. Der »Augenblick«, dem er »seit acht Jahren, also so lange ich diesen Landen angehöre, mit Sehnsucht« entgegengesehen hatte, der blieb nur ein kurzer erfüllter Augenblick, es war ihm keine Dauer beschieden. Die Hoff-

nung auf das Gelingen des Projektes wurde nach dem letzten großen Wassereinbruch, 1796, also zwölf Jahre später
(und 20 Jahre nach der enthusiastischen Geburt des Projektes) endgültig begraben, nachdem es inzwischen mehr
als 76 000 Taler verschlungen hatte und die »Gewerken«
sich zu Recht weigerten, weitere Gelder zu investieren.
Aber selbst wenn dem Unternehmen ein bescheidener Erfolg beschieden gewesen wäre: die Stimme Goethes, die
Botschaft seiner ersten und einzigen öffentlichen politischen Rede mit ihrem Appell an ein selbstverantwort-
liches, selbstbestimmtes politisches Gemeinwesen, dessen
Politik darin bestehen sollte, gesellschaftlich nützliche Un-
ternehmungen unter der Anleitung von Fachleuten in gemeinschaftlicher Verantwortung und zum größeren Nutzen der Menschheit zustande zu bringen – diese Stimme
verhallte damals ungehört. Daß eine derartige politische
Selbstbestimmung auch eine räumlich-demographische
Dimension hat, das wußten bereits die klassischen griechischen Polis-Philosophen, und Goethe hat daran in Ilmenau
und Weimar angeknüpft. Aber mindestens ebenso wichtig
war für sie, wie für Goethes Weimarer Politik-Projekt, die
Verankerung des Politischen in einer kosmologischen Ver-
antwortungsethik, die normativ keine Unterscheidung von
einer privaten Gesinnungsethik zuläßt. Es gibt nur eine
politische Ethik, und diese ist ihrerseits zugleich eine Ethik
der Wissenschaft, der Technik, der Ökonomie. Sie postu-
liert den wohltätigen, sorgenden, pfleglichen, gegenseitig
förderlichen Umgang: sowohl miteinander wie mit der
Natur – im Gegensatz zu einem autoritären, herrschaftlichen, latent oder auch manifest gewalttätigen Umgang
miteinander und mit der uns anvertrauten Erde und deren
Gaben.

Goethes Rede ist eine große Variation dieser stillen,

ganz und gar unheroischen gesellschaftlichen – das Poli-
tisch-Administrative so gut wie das Ökonomisch-Praktische umfassenden – Tugenden: sie spricht von der Anteilnahme, dem gemeinen Besten, vom Wohle der Stadt und
des Landes, von unserem Betragen, der Vereinigung der
Kräfte, der Beförderung, sie fordert auf zu schützen, aufzuklären, aufzuhelfen, mitzuwirken, zu nähren, zu erziehen. Die Tatsache, daß die Initiative zur Wiedereröffnung
des Ilmenauer Bergbaus von Herzog Carl August ausging,
wird eher beiläufig erwähnt, und von der eigenen, mühsa-
men und jahrelangen Arbeit, die diesem Tag vorausging,
schweigt der Kommissionsvorsitzende völlig – nicht aus
Bescheidenheit, sondern weil eine solche Einstellung seiner eigenen Auffassung vom politischen Amt, vom Regieren entspricht: Pflichterfüllung im Dienste der Gemeinschaft, auf Kosten und unter bewußtem Verzicht ebenso
auf persönlichen Gewinn wie auf die Befriedigung persön-
licher Eitelkeiten. In dem »Ilmenau« überschriebenen großen Lehr- und politischen Rechenschaftsgedicht, das er
dem Herzog 1783, also ein Jahr zuvor, zum Geburtstag
überreicht hatte, heißt es diesbezüglich: »wer andre wohl
zu leiten strebt, muß fähig sein, viel zu entbehren«. Wer die
öffentliche Rolle zur Selbstdarstellung anstrebt, zum materiellen Gewinn oder aus Lust an der Macht über Menschen – des späten Faust irregeleiteter Größenwahn:
»Herrschaft gewinn' ich, Eigentum!« –, der ist in Goethes
Verständnis für die Politik, für das öffentliche Amt unge-
eignet.

Diesem Verständnis vom politischen Amt als Dienen,
Helfen, Vermitteln, Aufklären, Befördern der menschlichen Produktivität in allen Bereichen, vom Materiellen
bis zum Künstlerischen, ist auch der Duktus der Rede –
wie erwähnt: die einzige öffentliche politische Rede Goe-

thes – verpflichtet. Es ist eher ein freundliches und freudiges Gespräch, das der Redner mit den Anwesenden führt, ein Rechenschaftsbericht, in dem jeder sich wiedererkennen konnte, der jedem, auch dem bescheidensten Beitrag die Würde zuerkannte, ein wichtiger Baustein eines größeren Werkes zu sein. Über den äußeren Rahmen wissen wir, außer daß die Rede »im Posthaus« gehalten wurde, nichts – aber undenkbar, daß sie von erhöhter Stelle, etwa einer Bühne, gesprochen wurde: man wird sich im gedrängten Kreise um den Kommissionsvorsitzenden aufgestellt haben, der auf diese Weise zu Gleichen, zu Gleichgesinnten sprechen konnte. Goethe legte auf solche symbolische Formen großes Gewicht: die im Bericht vermerkte, offensichtlich spontane Einladung an den jugendlichen Fahnenträger, bei der sich anschließenden Schachteröffnung ebenfalls einen dreifachen Hieb mit der Keilhaue zu tun, und der Einfall, dem Knaben eine Aktie zu spendieren, unterstreichen sein Bemühen, das zukünftige Bergwerk als Gemeinschaftsprojekt im Bewußtsein von Jungen und Alten, aller Bürgerinnen und Bürger, gleichermaßen zu verankern und den Anlaß der eigenen Rede »nicht als eine unbedeutende Zeremonie« zu betrachten. Diese selbst konstituiert, indem sie alle Zuhörer einbezieht, die politische Gemeinschaft. Das macht zwar generell das Spezifische der politischen Rede aus – aber diese hier zeichnet sich vor anderen aus durch ihre besondere Methode, ihren Ton und ihre Intention: hier spricht nicht der große Staatsmann, der in der Stunde nationaler Not und Krise an sein Volk appelliert und es zur Unterstützung seiner Politik auffordert; hier spricht auch nicht der rhetorisch mitreißende Demagoge, der eine Menge von Individuen durch emotionalen Appell an große Ideale und ehrgeizige Ziele in eine Masse von Gefolgsleuten zu transformieren in der

Lage ist; hier spricht auch nicht der belehrende Volksred-
ner, der sachliche Argumente mit der Kunst der Rede zur
großen Agitation verbindet; aber es ist auch nicht die nur
formal ›Rede‹ genannte Verlesung des Aufsatzes eines Li-
teraten vor gebildetem Publikum. Goethes Rede setzt voraus und schafft zugleich eine Gemeinschaft derer, die zwar
ungleich sind in ihren Fähigkeiten und ihrer sozialen Lage,
ihrer »Klassenzugehörigkeit«, die er aber als gleich an-
spricht in bezug auf ihr Engagement für ein Unternehmen,
das sowohl politisch gemeinschaftsstiftend als auch mate-
riell gemeinschaftsfördernd ist. In den *Maximen und Reflexionen* findet sich die Sentenz: »In der Gesellschaft sind
alle gleich. Es kann keine Gesellschaft anders als auf den
Begriff der Gleichheit gegründet sein [...]« Dort wird sodann aber deutlich eine wichtige Unterscheidung markiert
und hinzugesetzt, »[...] keineswegs aber auf den Begriff
der Freiheit. Die Gleichheit will ich in der Gesellschaft
finden; die Freiheit, nämlich die sittliche, daß ich mich
subordinieren mag, bringe ich mit.« Und an anderer Stelle:
»Die Gesellschaft, in die ich trete, muß also zu mir sagen:
›Du sollst allen uns andern gleich sein.‹ Sie kann aber nur
hinzufügen: ›Wir wünschen, daß du auch frei sein mögest‹,
das heißt: Wir wünschen, daß du dich mit Überzeugung
aus freiem vernünftigem Willen deiner Privilegien be-
gibst.« Ebendas war auch die Praxis des Ministers, des
Politikers Goethe. Aus diesem Geist der »Entsagung« hin-
sichtlich seiner eigenen Privilegien als herzoglicher Protegé
so gut wie als der vor allem jenseits der Landesgrenzen
berühmte Dichter konnte er glaubwürdig seine Rede im
Kreise von Geldgebern, Honoratioren, Ingenieuren und
einfachen Bergleuten mit ihrem Appell an die Gleichheit
vor der Sache halten.

So gesehen ist Goethes Rede eine demokratische Rede –

»die Stimme der Polis« (Benn) – und evoziert Demokratie als Lebens- und Arbeitsweise, als politische Haltung, und zwar nicht aufgrund abstrakter, unausgewiesener ethischer Postulate, sondern weil ihrer Ethik die Einsicht zugrunde liegt, daß die engagierte Partizipation der Bürger, der Betroffenen, auch zugleich effizienter ist als die Methode der Anleitung, des Befehls, des Zwanges. Später hat er selbstkritisch darin, d. h. im Mangel an einer breiteren Vernetzung des Ilmenauer Bergbaus mit anderen Unternehmen dieser Art und der damit verhinderten Möglichkeit des förderlichen Lernens, einen der wichtigsten Gründe für den sich abzeichnenden Fehlschlag gesehen: »eine so wichtige Unternehmung isoliert zu wagen, war nur einem jugendlichen, tätig-frohen Übermut zu verzeihen. Innerhalb eines großen eingerichteten Bergwesens hätte sie sich fruchtbarer fortbilden können; allein mit beschränkten Mitteln, fremden, obgleich sehr tüchtigen, von Zeit zu Zeit herbeigerufenen Offizianten konnte man zwar ins klare kommen, dabei aber war die Ausführung weder umsichtig noch energisch genug [...].« (*Annalen*, 1794)

Die Einsicht kam zwar zu spät: 1796 ging der wichtigste Stollen und damit das ganze Bergwerk endgültig in die Brüche. Aber sie unterstreicht, rückblickend, nur noch einmal die Bedeutung des in der Rede allgemein formulierten Methodischen in der Politik. Und die bittere Niederlage hat Goethe ja auch nicht entmutigt, seine Ämter weiterzuführen, ja später noch weitere – die Oberaufsicht über die Kunstsammlungen und Bildungsanstalten, wozu z. B. die bedeutende Universität Jena gehörte, oder auch die Direktion des Theaters – zusätzlich zu übernehmen. Noch die Worte, mit denen er die Anwesenden abschließend zur Eröffnung der Festlichkeiten einlädt, atmen den Geist freundschaftlich-kollegialen Einvernehmens, aus dem diese Rede konzipiert, den zu stiften sie öffentlich gesprochen wurde und deren politisches Ethos keiner pathetischen Appelle bedarf: »Wenn es Ihnen gefällig ist, wollen wir gehen.«

Mit dem Namen »Ilmenau« verbindet sich aber auch ein großes politisches »Bekenntnisgedicht«, in dem Goethe 1783 nicht nur einen selbstkritischen Rechenschaftsbericht seiner ersten sieben Jahre in weimarischen Ämtern ablegt, sondern auch an die Adresse des regierenden Fürsten, Herzog Carl August, seinem Dienstherrn, die Prinzipien der Regierungskunst formuliert. »Einschränkung«, »Pflichten« und »Entbehrung« sind da die Schlüsselbegriffe, auf die das ganze »Lehrgedicht« zuläuft: Es sind die wichtigsten und – angesichts der Verführung durch die Privilegien der Macht – schwierigsten, aber unverzichtbaren Tugenden der Regierenden. Eine gut regierte Gemeinschaft bedarf einer guten Regierung, des »buon governo« des italienischen Republik-Ideals: Mit dem konkreten Regierungspersonal fängt alles an. Ihre Legitimität bezieht eine jede Regierung aus der Fürsorge und Sorge um die Bedingungen der Möglichkeit gesellschaftlich nützlicher Arbeit, um die arbeitenden Menschen, weshalb im Gedicht die ökonomischen Tätigkeiten – Landwirtschaft, Gewerbe und Bergbau – vorgeführt werden. Die Gesellschaft selbst aber in ihrer Gesamtheit ist eingebettet in die natürliche Umwelt, in die lebendige Natur, aus der heraus und mit der sie sich reproduziert und die einen die bloße Materialität transzendierenden geistigen Lebensraum bildet. Bedeutsam darum auch der Verweis auf Shakespeares »Wie es Euch gefällt« und dessen Realutopie naturgeschützter und -gestützter Herrschaft und Gesellschaft im Ardenner Wald.

*Ilmenau am 3. September 1783*

Anmutig Tal! du immergrüner Hain!
Mein Herz begrüßt euch wieder auf das beste;
Entfaltet mir die schwer behangnen Äste,
Nehmt freundlich mich in eure Schatten ein,
Erquickt von euren Höhn, am Tag der Lieb und Lust,
Mit frischer Luft und Balsam meine Brust!

Wie kehrt ich oft mit wechselndem Geschicke,
Erhabner Berg, an deinen Fuß zurücke.
O laß mich heut an deinen sachten Höhn
Ein jugendlich, ein neues Eden sehn!
Ich hab es wohl auch mit um euch verdienet:
Ich sorge still, indes ihr ruhig grünet.

Laßt mich vergessen, daß auch hier die Welt
So manch Geschöpf in Erdefesseln hält,
Der Landmann leichtem Sand den Samen anvertraut
Und seinen Kohl dem frechen Wilde baut,
Der Knappe karges Brot in Klüften sucht,
Der Köhler zittert, wenn der Jäger flucht.
Verjüngt euch mir, wie ihr es oft getan,
Als fing' ich heut ein neues Leben an.

Ihr seid mir hold, ihr gönnt mir diese Träume,
Sie schmeicheln mir und locken alte Reime.
Mir wieder selbst, von allen Menschen fern,
Wie bad ich mich in euren Duften gern!

Melodisch rauscht die hohe Tanne wieder,
Melodisch eilt der Wasserfall hernieder;
Die Wolke sinkt, der Nebel drückt ins Tal,
Und es ist Nacht und Dämmrung auf einmal.

Im finstern Wald, beim Liebesblick der Sterne,
Wo ist mein Pfad, den sorglos ich verlor?
Welch seltne Stimmen hör ich in der Ferne?

Sie schallen wechselnd an dem Fels empor.
Ich eile sacht, zu sehn, was es bedeutet,
Wie von des Hirsches Ruf der Jäger still geleitet.

Wo bin ich? ist's ein Zaubermärchenland?
Welch nächtliches Gelag am Fuß der Felsenwand?
Bei kleinen Hütten, dicht mit Reis bedecket,
Seh ich sie froh ans Feuer hingestrecket.
Es dringt der Glanz hoch durch den Fichtensaal;
Am niedern Herde kocht ein rohes Mahl;
Sie scherzen laut, indessen, bald geleeret,
Die Flasche frisch im Kreise wiederkehret.

Sagt, wem vergleich ich diese muntre Schar?
Von wannen kommt sie? um wohin zu ziehen?
Wie ist an ihr doch alles wunderbar! Soll ich sie grüßen?
Soll ich vor ihr fliehen?
Ist es der Jäger wildes Geisterheer?
Sind's Gnomen, die hier Zauberkünste treiben?
Ich seh im Busch der kleinen Feuer mehr;
Es schaudert mich, ich wage kaum zu bleiben.
Ist's der Ägyptier verdächtiger Aufenthalt?
Ist es ein flüchtiger Fürst wie im Ardennerwald?
Soll ich Verirrter hier in den verschlungnen Gründen
Die Geister Shakespeares gar verkörpert finden?
Ja, der Gedanke führt mich eben recht:
Sie sind es selbst, wo nicht ein gleich Geschlecht!
Unbändig schwelgt ein Geist in ihrer Mitten,
Und durch die Roheit fühl ich edle Sitten.

Wie nennt ihr ihn? Wer ist's, der dort gebückt
Nachlässig stark die breiten Schultern drückt?
Er sitzt zunächst gelassen an der Flamme,
Die markige Gestalt aus altem Heldenstamme.
Er saugt begierig am geliebten Rohr,
Es steigt der Dampf an seiner Stirn empor.
Gutmütig trocken weiß er Freud und Lachen

Im ganzen Zirkel laut zu machen,
Wenn er mit ernstlichem Gesicht
Barbarisch bunt in fremder Mundart spricht.

Wer ist der andre, der sich nieder
An einen Sturz des alten Baumes lehnt
Und seine langen, feingestalten Glieder
Ekstatisch faul nach allen Seiten dehnt
Und, ohne daß die Zecher auf ihn hören,
Mit Geistesflug sich in die Höhe schwingt
Und von dem Tanz der himmelhohen Sphären
Ein monotones Lied mit großer Inbrunst singt?

Doch scheinet allen etwas zu gebrechen.
Ich höre sie auf einmal leise sprechen,
Des Jünglings Ruhe nicht zu unterbrechen,
Der dort am Ende, wo das Tal sich schließt,
In einer Hütte, leicht gezimmert,
Vor der ein letzter Blick des kleinen Feuers schimmert,
Vom Wasserfall umrauscht, des milden Schlafs genießt.
Mich treibt das Herz, nach jener Kluft zu wandern,
Ich schleiche still und scheide von den andern.

Sei mir gegrüßt, der hier in später Nacht
Gedankenvoll an dieser Schwelle wacht!
Was sitzest du entfernt von jenen Freuden?
Du scheinst mir auf was Wichtiges bedacht.
Was ist's, daß du in Sinnen dich verlierest
Und nicht einmal dein kleines Feuer schürest?

»O frage nicht! denn ich bin nicht bereit,
Des Fremden Neugier leicht zu stillen;
Sogar verbitt ich deinen guten Willen;
Hier ist zu schweigen und zu leiden Zeit.
Ich bin dir nicht imstande, selbst zu sagen,
Woher ich sei, wer mich hierher gesandt;
Von fremden Zonen bin ich her verschlagen
Und durch die Freundschaft festgebannt.

Wer kennt sich selbst? Wer weiß, was er vermag?
Hat nie der Mutige Verwegnes unternommen?
Und was du tust, sagt erst der andre Tag,
War es zum Schaden oder Frommen.
Ließ nicht Prometheus selbst die reine Himmelsglut
Auf frischen Ton vergötternd niederfließen?
Und konnt er mehr als irdisch Blut
Durch die belebten Adern gießen?
Ich brachte reines Feuer vom Altar;
Was ich entzündet, ist nicht reine Flamme.
Der Sturm vermehrt die Glut und die Gefahr,
Ich schwanke nicht, indem ich mich verdamme.

Und wenn ich unklug Mut und Freiheit sang
Und Redlichkeit und Freiheit sonder Zwang,
Stolz auf sich selbst und herzliches Behagen,
Erwarb ich mir der Menschen schöne Gunst:
Doch ach! ein Gott versagte mir die Kunst,
Die arme Kunst, mich künstlich zu betragen.
Nun sitz ich hier, zugleich erhoben und gedrückt,
Unschuldig und gestraft, und schuldig und beglückt.

Doch rede sacht! denn unter diesem Dach
Ruht all mein Wohl und all mein Ungemach:
Ein edles Herz, vom Wege der Natur
Durch enges Schicksal abgeleitet,
Das, ahnungsvoll, nun auf der rechten Spur
Bald mit sich selbst und bald mit Zauberschatten streitet
Und, was ihm das Geschick durch die Geburt geschenkt,
Mit Müh und Schweiß erst zu erringen denkt.
Kein liebevolles Wort kann seinen Geist enthüllen
Und kein Gesang die hohen Wogen stillen.

Wer kann der Raupe, die am Zweige kriecht,
Von ihrem künft'gen Futter sprechen?
Und wer der Puppe, die im Boden liegt,
Die zarte Schale helfen durchzubrechen?

Es kommt die Zeit, sie drängt sich selber los
Und eilt auf Fittichen der Rose in den Schoß.

Gewiß, ihm geben auch die Jahre
Die rechte Richtung seiner Kraft.
Noch ist bei tiefer Neigung für das Wahre
Ihm Irrtum eine Leidenschaft.
Der Vorwitz lockt ihn in die Weite,
Kein Fels ist ihm zu schroff, kein Steg zu schmal;
Der Unfall lauert an der Seite
Und stürzt ihn in den Arm der Qual.
Dann treibt die schmerzlich überspannte Regung
Gewaltsam ihn bald da, bald dort hinaus,
Und von unmutiger Bewegung
Ruht er unmutig wieder aus.
Und düster wild an heitern Tagen,
Unbändig, ohne froh zu sein,
Schläft er, an Seel und Leib verwundet und zerschlagen,
Auf einem harten Lager ein:
Indessen ich hier still und atmend kaum
Die Augen zu den freien Sternen kehre
Und, halb erwacht und halb im schweren Traum,
Mich kaum des schweren Traums erwehre.«

Verschwinde, Traum!
                    Wie dank ich, Musen, euch,
Daß ihr mich heut auf einen Pfad gestellet,
Wo auf ein einzig Wort die ganze Gegend gleich
Zum schönsten Tage sich erhellet!
Die Wolke flieht, der Nebel fällt,
Die Schatten sind hinweg. Ihr Götter, Preis und Wonne!
Es leuchtet mir die wahre Sonne,
Es lebt mir eine schönre Welt;
Das ängstliche Gesicht ist in die Luft zerronnen,
Ein neues Leben ist's, es ist schon lang begonnen.

Ich sehe hier, wie man nach langer Reise
Im Vaterland sich wiederkennt,
Ein ruhig Volk in stillem Fleiße
Benutzen, was Natur an Gaben ihm gegönnt.
Der Faden eilet von dem Rocken
Des Webers raschem Stuhle zu;
Und Seil und Kübel wird in längrer Ruh
Nicht am verbrochnen Schachte stocken;
Es wird der Trug entdeckt, die Ordnung kehrt zurück,
Es folgt Gedeihn und festes ird'sches Glück.

So mög, o Fürst, der Winkel deines Landes
Ein Vorbild deiner Tage sein!
Du kennest lang die Pflichten deines Standes
Und schränkest nach und nach die freie Seele ein.
Der kann sich manchen Wunsch gewähren,
Der kalt sich selbst und seinem Willen lebt;
Allein wer andre wohl zu leiten strebt,
Muß fähig sein, viel zu entbehren.

So wandle du – der Lohn ist nicht gering –
Nicht schwankend hin, wie jener Sämann ging,
Daß bald ein Korn, des Zufalls leichtes Spiel,
Hier auf den Weg, dort zwischen Dornen fiel;
Nein! streue klug wie reich, mit männlich steter Hand,
Den Segen aus auf ein geackert Land;
Dann laß es ruhn: die Ernte wird erscheinen
Und dich beglücken und die Deinen.

Wie gesagt: Hier wird nicht das Ganze der Gemeinschaftskunst, sondern es werden die zu erwartenden und aus-
zubildenden Tugenden der Regierenden thematisiert und
auf poetische Begriffe gebracht, also »Regierungskunst«.
Goethe hat seine aus Erfahrung gewonnene und im Ver-
laufe seiner eigenen aktiven Amtszeit bekräftigte Überzeugung, daß republikanische, d. h. die Gesellschaft als Gan-

zes fördernde und nicht nur den jeweiligen Klassen- oder Wirtschaftsinteressen dienende Machtausübung Entsagung für die Regierenden bedeutet, auch in Form von Spruchweisheiten formuliert. »Republiken hab' ich gesehen und das ist die beste, / Die dem regierenden Teil Lasten, nicht Vorteil gewährt.« Oder: »Herrschen lernt sich leicht, Regieren schwer.« Angesichts revolutionärer Umwälzungen, gewalttätiger Regierungsstürze und sozial wie politisch motivierter Unruhen, die er zuerst 1789 und zuletzt 1830 mit großer Anteilnahme miterlebte, war er davon überzeugt, daß in der Regel die Regierungen schuld seien an der Unzufriedenheit des Volkes – so zu Eckermann, 1824: Er sei »vollkommen überzeugt, daß irgendeine große Revolution nie Schuld des Volkes ist, sondern der Regierung. Revolutionen sind ganz unmöglich, sobald die Regierungen fortwährend gerecht und fortwährend wach sind, so daß sie ihnen durch zeitgemäße Verbesserungen entgegenkommen, und sich nicht so lange sträuben, bis das Notwendige von unten her erzwungen wird.«

»Schweig, du weißt es besser wir müssen den Pöbel betrügen,
Sieh wie ungeschickt wild, sieh nur wie dumm er sich zeigt.«
Ungeschickt scheint er und dumm weil ihr ihn eben betrüget.
Seid nur redlich und er glaubt mir ist menschlich und klug.
Hunde zieht ihr aus ihnen, und wenn sie sich hündisch bezeigen,
Peitscht ihr die Hunde, die ihr früher die Peitsche verdient.

(Venezianische Epigramme)

Man wird mühelos auch in dieser Haltung die geistesverwandten normativen Aussagen des Konfuzius wiedererkennen: »Wenn die Oberen die Ordnung hochhalten, so wird das Volk nie wagen, unehrerbietig zu sein.« 1940/41 plante Bertolt Brecht ein Stück »Leben des Konfutse«, von dem nur ein Fragment erhalten ist, über das er im »Arbeitsjournal« auf gewisse Parallelen zwischen Konfuzius und Goethe in Weimar hinwies. Seinem Konfutse aber legte er Worte in den Mund, die ganz aus dem Geiste Goethescher Regierungskunst-Lehre gesprochen sind: »Die alten Könige gingen den goldenen Mittelweg. Was heißt das? Das heißt, sie sparten keine Mühe, damit Mühe aus der Welt käme. Sie strengten sich an, daß die Anstrengung vermindert würde. Die Pflüge und Webstühle benutzten sie nicht dazu, daß die Pflüger und Weber schwerer zu Brot und Röcken kamen, sondern dazu, daß sie leichter dazu kamen [...]. Sie verwandten ihre Intelligenz dazu, daß auch andere es leichter hatten, so hatten sie es leichter mit anderen, denn man hat es leicht mit Leuten, die es leicht haben.« Wenn man parallel dazu die altägyptischen Selbstrechtfertigungen und Unschuldserklärungen vor dem Totengericht, also die Beteuerungen, immer die Ma'at eingehalten zu haben, im einzelnen genau liest, so sind es einfache zwischen- und mitmenschliche Bürgertugenden, die hier zitiert werden als gewissermaßen Urelemente und Bausteine gesellschaftlicher Ordnung, also dessen, was wir »Gemeinschaftskunst« genannt haben.

Es ist mehr als ein biographischer Zufall, daß das letztdatierte Goethe-Gedicht, am 6. März 1832 in ein Stammbuch geschrieben, genau betrachtet und bedacht die jahrtausendealten Lehren ziviler Tugend als Bedingung der Möglichkeit des Gelingens von Gemeinschaft uns in der schlichten Form altdeutscher Spruchweisheit wie ein Vermächtnis ans Herz legt:

> Ein jeder kehre vor seiner Tür,
> Und rein ist jedes Standquartier;
> Ein jeder übe sein Lektion,
> So wird es gut im Rate stohn.

## Literaturhinweise und Quellen

*Vom Autor:* »Wie die Großen mit den Menschen spielen.« Goethes Politik, Frankfurt am Main 1988. – (Hg.) Goethes Anschauen der Welt. Schriften zur wissenschaftlichen Methode, Frankfurt am Main 1994. – Goethe. Politik gegen den Zeitgeist, Frankfurt am Main 1999. – Jefferson und Goethe, Hamburg 2001.

*Ferner:* Goethe Handbuch, 4 Bde., Stuttgart 1996-1998.

Die Goethe-Texte sind nach der »Frankfurter Ausgabe« zitiert.